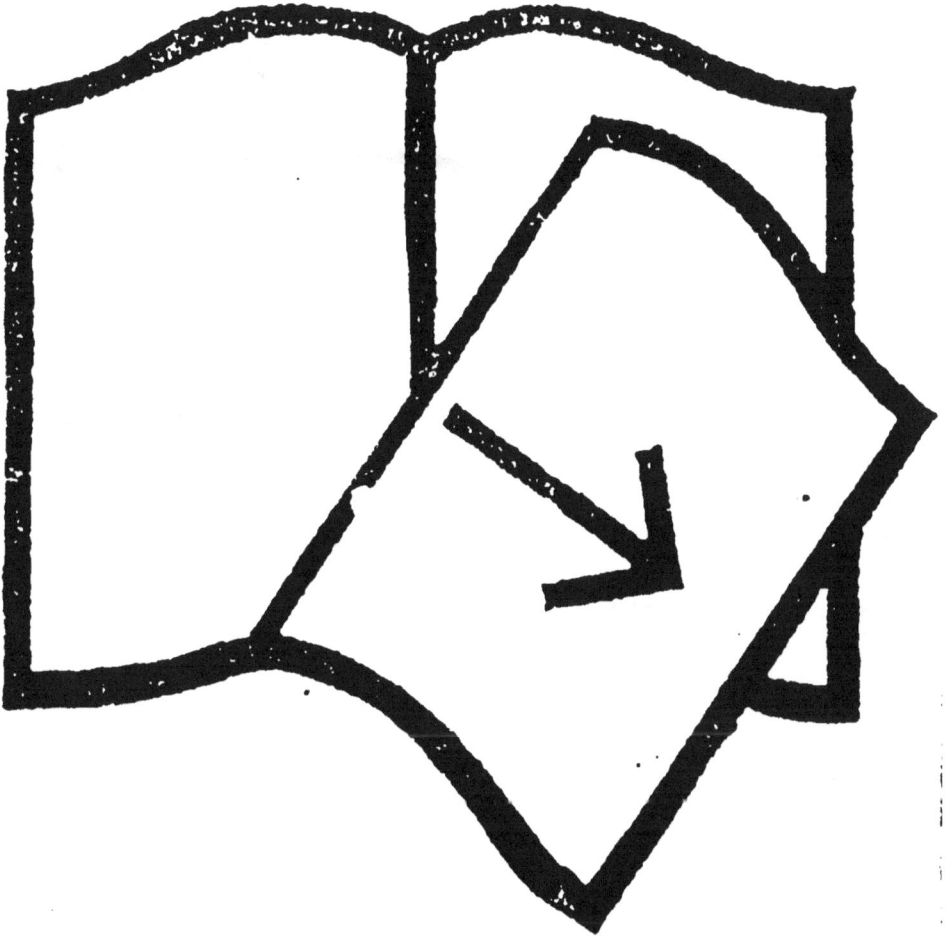

Couverture inférieure manquante

Début d'une série de documents
en couleur

L'Échelle du Ciel

ou Traité de l'Oraison, Texte latin avec traduction française et commentaires tirés de ..... par le chanoine E. Fuzet, *Docteur en Théol.,* *Professeur aux Facultés catholiques de Lille.*

Imprimerie de Saint Augustin,
DESCLÉE, DE BROUWER et Cie.
rue Royale, 26 — ..... (Belgique).
1880.

Fin d'une série de documents
en couleur

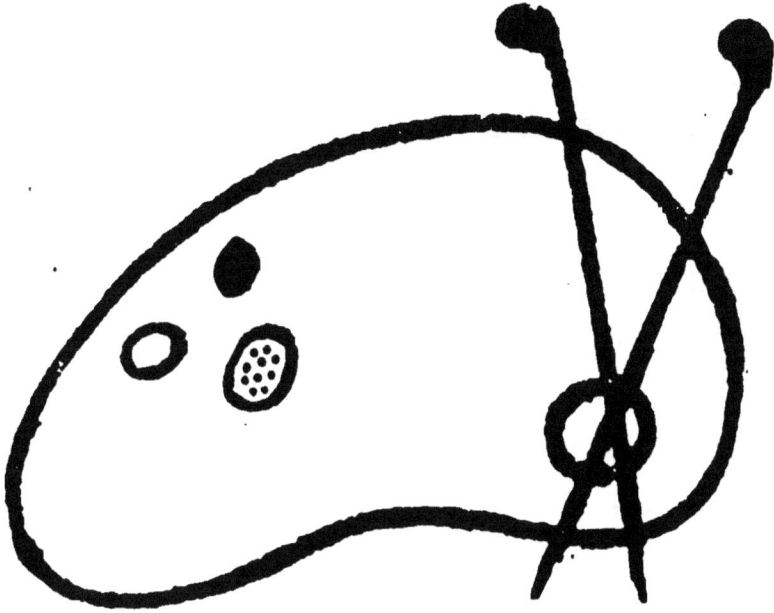

Original en couleur

NF Z 43-120-8

L'Échelle du Ciel

ou Traité de l'Oraison, Texte latin avec traduction française et commentaires tirés de par le chanoine F. Fuzet, *Docteur en Théol.,* *Professeur aux Facultés catholiques de Lille.*

Imprimerie de Saint Augustin,

DESCLÉE, DE BROUWER et Cie.

LILLE, rue Royale, 26 — BRUGES (Belgique).

1880.

Imprimatur.

Brugis, die 5ª mensis Septembris 1880.

J. A. SVOEN, *Can. Lib. Cens.*

AVANT-PROPOS.

La piété chrétienne attribua longtemps l'ÉCHELLE DU CIEL à St Augustin et à St Bernard : c'est dire en
quelle estime elle avait ce petit traité
où elle retrouvait la marque de ces
grands docteurs. Notre opuscule cependant n'avait pas droit à cette glo-
rieuse origine. Mabillon a démontré
qu'il est l'œuvre d'un Chartreux appelé Guigues, suivant cette inscription
qu'il porte dans un manuscrit de la
Chartreuse de Cologne: Lettre de dom
Guigues à frère Gervais sur la vie
contemplative ; et suivant la suscrip-
tion de la lettre elle-même : A son cher
frère Gervais, frère Guigues... (1).

Qu'était ce moine, qui devait rappe-

1. Histoire littéraire de la France. (Paris
V. Palmé), t. XI, p. 655 et t, XV, p. 11.

ler à la postérité l'élévation de l'évê-
que d'Hippone et la suavité de l'abbé
de Clairvaux? Qu'était son correspon-
dant, digne de sa filiale affection et de
ses confidences intimes? Voici ce que nous
en savons de plus probable. Gervais avait
été envoyé à la nouvelle Chartreuse de
Mont-Dieu, au diocèse de Reims; il y
était vers l'an 1151; il devint prieur de
ce monastère. Guigues résidait à la
Grande-Chartreuse dont il reçut le
gouvernement en l'année 1175 [1]. Il ne
le garda pas longtemps. « Aussi ne
laissa-t-il, dit un historien anonyme de
l'Ordre, que peu de traces de sa vie
sainte [2]. » Cette administration si
courte fut pourtant illustrée par un
événement considérable. Le parfum de

1. Ibid., loc. cit.
2. Brevis historia ordinis carthusiensis aucto-
re anonymo. Martène, Ampl. Collect. t. VI,
col. 176.

sainteté dont la famille de saint Bruno embaumait le désert, s'était répandu dans toute l'Église. Le Souverain Pontife touché d'admiration pour tant de vertus, consacra de son autorité suprême la règle des Chartreux et plaça leurs possessions sous la protection spéciale du Saint-Siège. Dieu voulut que la Bulle d'Alexandre III, donnée à Agnani le 27 septembre 1176, fut adressée à Guigues, et que ce prieur fut le premier à recevoir pour tous ses frères le salut du Vicaire de J.-C. et la bénédiction apostolique[1]. La vie de Guigues, illuminée un instant par l'éclat de l'acte pontifical, rentre bientôt dans l'obscurité la plus complète. Adonné à la contemplation, plongé dans la paix des âmes vivant uniquement en Dieu,

1. Bullarum, etc. (Augustæ Taurinorum), t. II, p. 798.

Guigues portait avec peine le poids de sa dignité et de l'administration; il demanda grâce au Chapitre général et l'obtint ([1]). Rentré dans sa cellule de simple moine, il y vécut encore douze ans d'une vie vraiment angélique. C'est tout ce que l'histoire nous raconte du saint prieur. Mais là où l'histoire se tait, l'âme de Guigues parle, et ce qu'elle nous apprend d'elle, si brièvement et si humblement qu'elle le fasse, nous laisse entrevoir toute la beauté de cette existence cachée dans les ombres du cloître. Gervais avait attiré Guigues au désert; il l'avait initié à la vie monastique, il l'avait aimé le premier, et quand il quitta « la délicieuse solitude » du Dauphiné pour la nouvelle fondation de la Champagne, il n'ou-

[1]. Brevis historia, etc., Martène, Ampl. Collect., t. VI, col. 176.

blia pas son disciple : le premier encore il lui écrivit. Guigues répondit, et sa lettre, qui ouvre une correspondance longue sans doute, forme le traité qu'on intitula : l'ÉCHELLE DES MOINES, l'ÉCHELLE DU CIEL.

De quoi pouvait entretenir son maître, ce jeune religieux, étranger désormais aux choses de la terre, épris d'idéal céleste, sinon des moyens de s'élever jusqu'à Dieu, seul objet de ses aspirations ? C'est dans le début de cette lettre que Guigues rappelle l'amitié dont Gervais l'avait prévenu, la part qu'il avait à sa vocation, les saintes leçons et les saints exemples qu'il lui avait donnés, et qu'il lui offre son travail comme des prémisses qui lui sont dues. L'idée de ce travail lui vient un jour qu'il était occupé à quelque ouvrage manuel. Il se hâte d'en-

voyer à son ami ses réflexions sur la
lecture, la méditation, la prière et la
contemplation, les quatre degrés de cette
échelle qui va de la terre au ciel ; il lui
envoie ces « quelques pensées », afin qu'il
les juge et les redresse. Au milieu de sa
lettre, il s'interrompt pour s'excuser d'o-
ser, lui encore novice, traiter de ces exercices de la vie spirituelle. Et quand il a
achevé d'écrire ces pages si lumineuses et
si tendres, où la doctrine la plus solide
revêt une forme élégante, il propose à
Gervais de demander de concert à
Dieu, qu'il les conduise l'un et l'autre
de vertu en vertu jusqu'à ce qu'Il se
montre à eux dans sa gloire. Persuadé
que son maître atteindra avant lui le
plus haut degré, il le supplie de ne pas
l'oublier quand il aura gravi ces hauteurs où le Seigneur se révèle pleinement
et ineffablement, et de l'attirer à ses cô-

tés par ses prières. Cette amitié formée
dans les larmes et les joies du renonce-
ment au monde, ces accents du cœur qui
se font entendre jusque dans les spécu-
lations les plus élevées de l'ascétisme,
cette science théologique exacte et profonde, ce style qui emprunte avec so-
briété au langage mystique ses pures
images et ses gracieuses comparaisons,
et qui fait songer par sa simplicité, sa
fraîcheur et sa grâce, aux fleurs des
montagnes alpestres : tout dans le traité
du frère Guigues nous touche, nous
instruit, nous charme et nous peint
l'aimable et pieux génie de ce moine du
12ᵉ siècle. Heureuses les âmes qui en
ces âges de foi montèrent vers Dieu
par cette échelle en jetant sur le
monde, à travers les mystères de la solitude, leur doux et tranquille rayonne-
ment ! Heureuses aussi les âmes qui,

au milieu des amères agitations de notre siècle, se recueilleront en elles-mêmes et méditeront les enseignements de *l'ÉCHELLE DU CIEL !* Elles y trouveront, non pas cette vaine et fade sentimentalité d'un trop grand nombre de livres de piété contemporains, mais une nourriture substantielle et savoureuse. Un des princes de la théologie, Suarez, voulant exposer dans son magnifique traité de la prière les diverses parties de l'oraison mentale, dit que pour atteindre parfaitement ce but, il lui suffirait de transcrire *l'ÉCHELLE DU CIEL* ; il consacre tout un chapitre à en donner l'analyse, et il y revient en plusieurs autres endroits pour lui emprunter des définitions qu'il commente ensuite ([1]).

1. Francisci Suarez opera (Venetiis apud S. Coleti), t. XIII, Tractatus quartus de oratione, devotione et horis canonicis, Lib. II, Cap. II et passim.

C'est dans ce traité que nous avons puisé, en traduisant librement ([1]), les commentaires dont nous avons accompagné l'œuvre de Guigues. Que l'hommage rendu à notre auteur par le grand théologien, encourage les amis de la véritable spiritualité à lire le petit livre que nous leur offrons. Je leur promets qu'il les conduira sûrement à Dieu, et leur demande de vouloir bien se souvenir de moi dans leurs prières, lorsqu'ils goûteront les consolations de la présence divine.

FRÉDÉRIC FUZET.

[1]. Nous avons reproduit littéralement l'interprétation des textes de la sainte Écriture et l'indication des sources pour les citations des saints Pères et des auteurs ecclésiastiques, bien que l'interprétation de Suarez ne réponde pas toujours au sens généralement admis et que quelques-unes de ses indications ne soient pas d'accord avec les meilleures éditions.

Scala paradisi.

Dilecto Fratri suo Cervasio Fr. Guigo delectari in Domino.

AMARE te ex debito teneor, quia prior me amare incœpisti : et rescribere tibi compellor, quia litteris tuis ad scribendum me prius invitasti. Quædam ergo quæ de spirituali exercitio Claustralium excogitaveram, transmittere proposui : ut qui talia experiendo melius quam ego tractando, didicisti, mearum judex sis cogitationum et corrector. Et merito hæc nostri laboris initia tibi primitus offero, ut novellæ plantationis primitivos fructus colligas: quoniam de servitute Pharaonis, me delicata soli-

L'échelle du ciel.

Frère Guigues à son cher frère Gervais Délectation dans le Seigneur.

E suis tenu par devoir de vous aimer, parce que le premier vous avez commencé à m'aimer, et je suis obligé de vous répondre, parce que votre lettre m'a déjà invité à vous écrire. Je me suis donc proposé de vous transmettre quelques réflexions que j'ai faites sur les exercices spirituels des moines, afin que vous, qui avez mieux appris ces choses par la pratique que moi par l'étude, vous soyez le juge et le censeur de mes pensées. C'est à juste titre que je vous offre ces débuts de ma vie de travail, pour que vous cueilliez les premiers fruits de votre jeune plantation : c'est vous qui, de la

tudine laudabili furto surripiens,
in ordinata castrorum acie collo-
casti; ramum de oleastro artifi-
ciose excisum prudenter inserens
in olivo.

I

UM die quadam corporali
manuum labore occupa-
tus, de spiritualis hominis exercitio cogitare cœpissem, quatuor
spirituales gradus animo cogi-
tanti se subito obtulernnt : scilicet, Lectio, Meditatio, Oratio, et
Contemplatio. Hæc est Scala
Claustralium, qua de terra in cœ-
lum sublevantur ; gradibus quidem distincta paucis, immensæ
tamen et incredibilis magnitudi-

servitude de Pharaon, en me ca-
chant par un louable stratagème
dans une solitude délicieuse, m'avez
placé dans l'armée rangée en bataille;
vous avez adroitement enlevé un ra-
meau au sauvageon et l'avez greffé
avec prévoyance sur l'olivier.

I

UN jour, occupé à un ouvrage
des mains, je m'étais mis à
réfléchir sur l'exercice de l'homme
spirituel; tout à coup quatre degrés
de la vie spirituelle s'offrirent à ma
pensée, savoir : la *lecture*, la *méditation*, la *prière* et la *contemplation*.
Voilà l'échelle des moines, qui les
élève de la terre au Ciel; elle n'a en
vérité que quelques degrés, cependant elle est d'une hauteur immense,
incroyable. Sa base repose sur la

nis. Cujus extrema pars terræ innixa est; superior vero nubes penetrat, et secreta cœlorum rimatur. Hi gradus sicut nominibus et numero, ita ordine et munere sunt distincti. Quorum proprietates et officia quidem singula, quid circa nos efficiant, quomodo inter se invicem differant et præemineant, si quis diligenter inspiciat, quidquid laboris aut studii impenderit in eis, breve reputabit et facile, præ utilitatis et dulcedinis magnitudine. Est autem Lectio sedula Scripturarum cum animi intentione inspectio. Meditatio est studiosa mentis actio, occultæ veritatis notitiam ductu propriæ rationis

terre, mais son sommet pénètre dans les nues et se perd dans les profondeurs des cieux. Ces degrés se distinguent par leurs noms et leur nombre; ils se distinguent aussi par leur rang et leur fonction. Si l'on considère avec soin leurs propriétés, leurs offices, leurs effets, leurs différences et leur coordination, on trouvera court et facile ce qu'on aura mis de travail et d'application dans cette étude, à cause de sa grande utilité et de son grand charme.

La lecture est l'action de parcourir attentivement des yeux ce qui est écrit, en s'efforçant de le comprendre. La méditation est l'action de l'âme cherchant avec ardeur, guidée par sa propre raison, la connaissance d'une vérité cachée. La prière est le regard du cœur tourné dévotement

investigans. Oratio est devota cordis intentio in Deum pro malis amovendis et bonis adipiscendis. Contemplatio est mentis in Deum suspensæ elevatio, æternæ dulcedinis gaudia degustans.

vers Dieu pour éloigner le mal et obtenir le bien. La contemplation est
l'élévation de l'âme suspendue en
Dieu et goûtant les joies de l'éternelle douceur.

Commentaire.

CETTE échelle qui va de la terre au Ciel, par laquelle l'âme monte jusqu'à Dieu et pénètre dans les mystères ineffables de l'union, c'est l'oraison mentale. Or, comme on s'élève vers Dieu par toutes les vertus, l'oraison mentale, considérée en son fond, les embrasse presque toutes ; elle embrasse particulièrement la foi, l'espérance, la charité, l'obéissance, le respect filial, l'humilité. Aussi, à ce point de vue, on ne saurait en donner une définition unique, puisqu'elle ne se renferme pas dans l'exercice d'une seule vertu. Mais considérée dans sa forme, comme prière, l'oraison mentale a pour objet immédiat soit le culte de Dieu, soit l'union avec Dieu par la dévotion. C'est en ce sens qu'en parle Denis, lors qu'il écrit *« qu'en toutes choses nous devons commencer par la prière comme pour nous livrer nous-mêmes à Dieu, et nous unir à lui. (C. 3. De divinis nominibus.) »*

Sous cet aspect, on la définit: *l'ascension de l'âme vers Dieu.*

Cet exercice spirituel n'est pas une innovation de l'ascétisme monacal ; il est décrit, célébré, recommandé dans l'ancienne et dans la nouvelle Loi. Lorsque l'Évangile raconte que le divin Maître passait la nuit en prière, qu'il se retirait sur le sommet des montagnes pour y être seul, il faut entendre qu'en ces moments et sur ces hauteurs, Il se livrait à l'oraison mentale. C'est aussi de cette oraison que veulent parler les saintes Écritures, lorsqu'elles nous disent que David se levait au milieu de la nuit pour bénir le Seigneur, et que sept fois par jour il lui adressait des louanges ; lorsqu'elles nous exhortent aux méditations intérieures, au souvenir des bienfaits divins, au recueillement, aux louanges sacrées. Il est encore écrit de cette vie d'union et de contemplation: *C'est un bonheur pour l'homme qu'il porte le joug saint dès son adolescence : il se retirera dans la solitude et le silence, et s'élèvera au-dessus de lui-même* (Thren. 3). *C'est un bien pour moi de m'unir au Seigneur* (Ps. 72). *Je n'ai demandé à Dieu qu'une chose, je la rechercherai* (Ps. 26). *Mon cœur vous a parlé, mon regard vous a cherché* (Ps. 6). *Marie a choisi la meilleure part* (Luc. 10).

A leur tour, les Pères ne se lassent pas de louer l'oraison mentale. Saint Jean-Chrysostôme dit que par elle, *nous nous élevons bien haut au-dessus des êtres matériels parmi lesquels nous vivons, et que nous échappons en quelque sorte aux lois du temps et de la mort.*

Saint Jérôme, écrivant à Eustochium, raconte avec quel plaisir il s'y livrait. « Je m'enfonçais seul dans le désert, dit-il ; s'il y avait quelque caverne dans les vallées, quelque sommet inaccessible, quelque rocher escarpé, là je fixais le lieu de ma prière, là j'établissais la prison de mon misérable corps. Et, le Seigneur lui-même m'en est témoin, après avoir répandu beaucoup de larmes, après avoir tenu longtemps mes regards attachés au ciel, plus d'une fois, il m'a semblé être mêlé aux phalanges des esprits bienheureux, et plein de joie et d'allégresse je chantais : *Nous courons après vous à l'odeur de vos parfums.* » Il faudrait citer encore les paroles élogieuses de saint Basile dans son Homélie sur sainte Julite, martyre, de saint Cyprien dans son Exposition de l'oraison dominicale, de saint Ambroise dans son Commentaire sur saint Matthieu, de saint Augustin dans sa Lettre à Proba.

Rapportons du moins ce beau passage de Gerson, tiré de sa *Théologie mystique* (ind. 11, Alph. 66, Let. O. : « Ils se trompent ceux qui veulent toujours ou lire, ou prier de bouche, ou entendre de pieuses exhortations, s'ils pensent acquérir par là la grâce habituelle de la contemplation. Tout cela est utile, à ceux qui commencent surtout, mais ce n'est pas suffisant.

« Je veux qu'ils soient touchés de componction en lisant ou en écoutant prêcher ; mais supprimez le livre ou le sermon, et l'impression s'évanouit : elle ne reviendra qu'avec le livre ou le sermon. C'est pourquoi il faut attendre en silence le salut de Dieu, afin de s'habituer à prier en esprit, à prier mentalement lorsqu'on n'entend plus le bruit de la parole et qu'on est privé de livres. Que la méditation silencieuse soit votre livre et votre sermon, autrement prenez garde qu'en apprenant toujours vous n'arriviez jamais à la science.» Et Gerson ajoute : « D'où vient, hélas ! qu'il y a si peu de contemplatifs même parmi les ecclésiastiques et les religieux lettrés, bien plus, même parmi les théologiens ? sinon, parce qu'il n'est presque personne qui supporte de se trouver seul en face de lui-même et de méditer longtemps en son cœur. »

Considérons pourtant, ainsi que le recommande notre auteur, la grande utilité de l'oraison, et nous trouverons facile la contrainte qu'elle nous impose. **En effet,** l'oraison est d'abord une pratique très méritoire et très satisfactoire. Le mérite essentiel n'est-il pas en effet attaché aux actes intérieurs, et dans l'oraison ne pratique-t-on pas les actes intérieurs les plus purs, principalement ceux de charité et de religion? Quant aux satisfactions, elles s'obtiennent surtout par des actes difficiles et pénibles. Or, dans l'oraison il est malaisé de rester seul et de converser révérencieusement avec Dieu; il semble que les anges uniquement en soient capables. Et puis, que de mortifications imposées au corps ! il faut le préparer par la tempérance et la modération à ce saint exercice ; il faut qu'il le supporte pendant sa durée; il faut surtout qu'il obéisse efficacement aux fermes résolutions que nous formons.

L'oraison est, en second lieu, une pratique très propre à rendre Dieu favorable à nos vœux, et cela pour trois raisons. Si Dieu écoute toute prière, com-

ment n'exaucerait-il pas les demandes
que nous lui adressons pendant ce saint
exercice qui remplit notre âme de
sentiments plus tendres et par conséquent, toutes choses égales d'ailleurs,
nous rend plus agréables aux yeux du
Seigneur ? Dans cette oraison prolon-
gée, accompagnée de la méditation et
des autres actes joints à la contemplation, l'accent de la prière est plus
pénétrant, plus irrésistible. De plus
l'oraison nous impose la mortification
et la pureté du cœur ; or saint Bernard
a dit : « *La prière a deux ailes, le mépris du monde et la mortification de la
chair ; et sans aucun doute, grâce à
elles, elle pénètre les cieux et monte devant le Seigneur comme l'encens de
l'autel.* »

Ajoutons que l'oraison renferme la
sève féconde de toutes les vertus. Aussi
saint Jean-Chrysostome l'appelle le sa-
crement de la justice parfaite, le sacre-
ment, c'est-à-dire, la cause efficace qu'on
ne peut séparer de son effet. Cette

vérité se prouve par un principe dont
se sert saint Augustin pour démontrer la
nécessité de la grâce de Dieu. Il dit que la
pensée sainte qui vient de Dieu, est la
racine du bon désir, de la bonne volonté, et par conséquent de la bonne action. Mais, l'oraison mentale n'est autre
chose qu'une source de saintes pensées,
et qu'une continuelle méditation de
ces pensées, qui ne peuvent aboutir,
selon l'axiome de saint Augstin, qu'à de
bonnes actions, comme la sève d'un
arbre monte des racines dans toutes
les branches et les couvre de feuilles
et de fruits.

II

ASSIGNATIS ergo quatuor graduum descriptionibus, restat ut eorum officia videamus. Beatæ igitur vitæ dulcedinem lectio inquirit, meditatio invenit, oratio postulat, contemplatio degustat. Unde ipse Dominus dixit: *Quærite, et invenietis : pulsate et aperieturvobis.*(Matth.VII,7).Quærite legendo,et invenietis meditando: pulsate orando, et aperietur vobis contemplando. Lectio quasi solidum cibum ori apponit : meditatio masticat et frangit: oratio saporem acquirit : contemplatio est ipsa dulcedo quæ jucundat et reficit. Lectio in cortice, medita-

II

APRÈS avoir donné la définition de ces quatre degrés, il nous faut examiner leurs fonctions. La lecture cherche la douceur de la vie bienheureuse, la méditation la trouve, la prière la demande, la contemplation la savoure. C'est pourquoi le Seigneur lui-même dit : « *Cherchez et vous trouverez, frappez et on vous ouvrira* (Matth. VII, 7). » Cherchez en lisant et vous trouverez en méditant ; frappez en priant et on vous ouvrira dans la contemplation. La lecture porte pour ainsi dire une nourriture solide à la bouche ; la méditation la mâche et la broie ; la prière lui donne la saveur, et la contemplation est la douceur elle-même qui réjouit et qui refait. La lecture s'arrête à l'écorce ; la

tio in adipe, oratio in desiderii postulatione, contemplatio in adeptæ dulcedinis delectatione. Quod ut expressius videri possit, unum de multis supponam exemplum. In lectione audio : *Beati mundo corde, quoniam ipsi Deum videbunt.* Matt. v, 8. Ecce breve verbum, sed suavi et multiplici sensu refertum. Ad pastum animæ quasi uvam ministravit, quam postquam anima diligenter inspexit, dicit intra se: potest aliquid boni esse. Redibo ad cor meum et tentabo si forte intelligere et invenire potero munditiam hanc. Pretiosa enim et desiderabilis est res ista, cujus possessores beati dicuntur, quibus visio Dei, quæ est vita æterna, promittitur, quæ tot sacræ

méditation pénètre jusqu'à la moëlle;
la prière demande ce que nous désirons; la contemplation se délecte
dans la douceur obtenue. Afin de
mieux faire comprendre ceci, je pren-
drai un exemple entre beaucoup
d'autres. J'entends dans la lecture :
« *Bienheureux ceux qui ont le cœur
pur, parce qu'ils verront Dieu* »
(Matth. v, 8). Voilà une parole courte,
mais remplie d'un sens suave et mul-
tiple. C'est une sorte de grappe qu'elle
a fournie pour la nourriture de l'âme
et l'âme, après l'avoir considérée soigneusement, dit en elle même: Ce
peut être quelque chose de bon; je
retournerai à mon cœur et j'essayerai
si par hasard je puis comprendre et
trouver cette pureté. Car elle doit
être précieuse et désirable, puisque
ceux qui la possèdent sont procla-
més bienheureux, puisqu'on leur pro-

Scripturæ testimoniis collaudatur. Hoc ergo sibi plenius explicari desiderans, incipit hanc uvam masticare et frangere, namque quasi in torculari ponit : deinde excitat rationem ad inquirendum quid sit, et quomodo haberi possit hæc adeo pretiosa et desiderabilis munditia.

met la vue de Dieu, c'est à dire, la vie éternelle, puisqu'elle est célébrée par tant de témoignages de la sainte Écriture. L'âme avide d'approfondir ce sujet, commence par macher et par manger cette grappe : elle la met comme sous le pressoir. Ensuite elle excite la raison à chercher ce qu'est et comment on peut obtenir cette pureté si précieuse et si désirable.

Commentaire.

C'EST avec raison que la lecture est placée au premier degré de l'échelle par laquelle l'âme monte vers Dieu. La lecture est une excellente préparation à l'oraison. Elle fournit, comme s'exprime notre auteur, la matière des saintes méditations qui enflamment l'amour. Elle est si nécessaire, que sans elle la méditation est pleine de dangers. Celui qui veut méditer avant d'avoir lu n'est pas toujours assez instruit des vérités sur lesquelles il réfléchit, et souvent, pour ne pas s'être proposé un sujet déterminé, l'esprit erre à l'aventure et se perd dans une vague rêverie. Aussi est-il écrit dans l'Ecclésiaste : *avant la prière, prépares ton âme, et ne sois pas comme l'homme qui tente Dieu.* Cependant la nécessité de la lecture n'est pas la même pour tous. Les ignorants et les illettrés n'en sont pas capables, et il suffit qu'ils retiennent ce qu'ils entendent lire. « Ecouter, dit notre auteur, c'est encore lire. » Les personnes instruites n'ont pas absolument besoin de lire

ou d'entendre lire : elles ont des provi-
sions amassées par avance. Mais, il est
toujours indispensable de faire appel à
la mémoire, de l'appliquer à une pensée
circonscrite où l'intelligence et la volonté puissent trouver une source de
réflexions et d'affections. Il est loisible
de s'adresser à sa mémoire, soit avant
de commencer l'oraison, soit quand on
s'y prépare, soit, ce qui est toujours
nécessaire et ce qui suffit à la rigueur,
au moment même de s'y livrer ; il est
mieux néanmoins de le faire avant de
commencer, et pour une bonne oraison,
c'est même indispensable. On le voit,
on ne peut donner au sujet de la lecture
des règles uniformes ; il en est de même
pour ce qui concerne le rôle de la mémoire. Il y a plus, la facilité de faire
oraison et de s'élever à la contemplation peut être si grande que la seule
pensée de Lieu nous fasse goûter les
charmes de sa présence. C'est ainsi que
David s'écriait : *Je me suis souvenu de
Dieu, et j'ai été réjoui.*

III

CCEDENS ergo sedula Meditatio, non remanet extra, non hæret in superficie, ulterius pedem figit. Interiora penetrat, singula rimatur: attente considerat quod non dixit, *Beati mundo* corpore, sed *corde :* quia non sufficit manus habere innoxias a malo opere, nisi a pravis cogitationibus mundemur in mente. Quod auctoritate Prophetæ confirmatur dicentis : *quis ascendet in montem Domini, aut quis stabit in loco sancto ejus ? Innocens manibus et mundo corde.* Psal. 23. Item considerat quantum hanc cordis munditiam optabat idem Propheta, qui orans dicebat : *Cor mun-*

III

LA méditation attentive se joignant à la lecture ne demeure pas dehors. Elle ne s'arrête pas à la surface, elle va au delà ; elle pénètre le fond et elle scrute tout. Elle considère avec soin que le Seigneur n'a pas dit : *Bienheureux ceux qui ont* le corps, mais *ceux qui ont le cœur pur*, parce qu'il ne suffit pas d'avoir les mains exemptes d'acte coupable, si notre esprit n'est point purifié des pensées mauvaises. C'est ce que confirme l'autorité du Prophète, lorsqu'il dit : « Qui montera sur la montagne du Seigneur ou qui s'établira dans son lieu saint ? Celui qui a les mains sans tache et le cœur pur. » Elle considère aussi combien le même Prophète désirait cette pureté de cœur,

dum, inquit, *crea in me Deus.* Psal. 50. Item, *Si aspexi iniquitatem in corde meo, non exaudiet Dominus.* Psal. 65. Cogitat quam sollicitus erat in hac custodia beatus Job, qui dicebat : *Pepigi fœdus cum oculis meis, ne cogitarem quidem de virgine.* Job. 31. Ecce quantum arctabat se vir sanctus, qui claudebat oculos suos ne videret vanitatem, ne forte incautus respiceret quod postea invitus desideraret. Postquam hæc et hujusmodi de cordis munditia pertractavit, incipit cogitare de ejus præmio, quam gloriosum et delectabile est videre faciem desideratam Domini, speciosi forma præ filiis hominum ; non esse jam abjectum et vilem, non habentem

lui, qui dans sa prière s'écriait : « Créez en moi un cœur pur, » et encore : « Si l'iniquité est dans mon cœur, le Seigneur ne m'exaucera pas. » Elle considère combien le bienheureux Job était plein de sollicitude pour la conserver. « J'ai fait un pacte avec mes yeux, disait-il, afin de ne pas même penser à une femme. » Voilà jusqu'à quel point se contraignait ce saint homme qui fermait les yeux pour ne pas voir la vanité, de peur de regarder par mégarde ce qu'il pourrait ensuite désirer malgré lui.

Après avoir fait ces réflexions et autres semblables sur la pureté du cœur, l'âme se met à penser à la récompense de cette vertu, à la gloire et au plaisir de voir la face du Seigneur après laquelle nous soupirons, du Seigneur beau entre

speciem qua vestivit eum mater
sua Synagoga : sed stola immor-
talitatis indutum, et coronatum
diademate, quo coronavit eum
Pater suus in die resurrectionis
et gloriæ, die quam fecit Dominus. Cogitat quod in illa visione
erit satietas illa, de qua dicit Propheta : *Satiabor cum apparuerit
gloria tua.* Psal. 16.

Videsne quantum liquorisema-
navit ex minima uva ; quantus
ignis ex hac scintilla ortus est,
quantum hæc modica massa, *Beati mundo corde, quoniam ipsi Deum
videbunt,* Matt. 5. in incude me-
ditationis extensa est ? Sed quantum adhuc posset extendi, si ac-
cederet aliquis talia expertus !
Sentio enim quod puteus altus est:

tous les enfants des hommes, et non
plus abject et méprisé, non plus dans
ce vêtement ignominieux dont le re-
vêtit sa mère la Synagogue, mais cou-
vert du manteau de l'immortalité, mais
portant le diadème dont son Père
l'a couronné au jour de sa résurrection
et de sa glorification, « jour que le
Seigneur a fait. » Elle pense que dans
cette vision se trouvera la satiété dont
le Prophète dit : « Je serai rassasié
quand votre gloire apparaitra. »
Voyez-vous que de jus est sorti d'une
très petite grappe, quel feu a jailli de
cette étincelle, combien cette petite
matière : « Bienheureux ceux qui ont
le cœur pur, parce qu'ils verront
Dieu, » s'est étendue sur l'enclume
de la méditation ? On pourrait la dé-
velopper davantage, si quelqu'un ve-
nait qui en eût fait l'expérience ! Je
le sens : le puits est profond ; mais,

sed ego adhuc rudis tiro, in quo pauca hæc haurirem vix inveni.

His anima facibus inflammata, his incitata desideriis, fracto alabastro, suavitatem unguenti præsentire incipit, necdum gustu, sed quasi narium odoratu. Et hoc colligit quam suave esset hujus munditiæ sentire experientiam, cujus meditationem novit adeo esse jucundam. Sed quid faciet? Habendi desiderio æstuat, sed non invenit apud se quomodo habere possit : et quanto plus inquirit, plus sitit. Dum apponit meditationem, apponit et dolorem: quia sitit dulcedinem, quam in cordis munditia meditatio esse monstrat, sed non præqustat.

Non enim est legentis atque

novice ignorant, à peine ai-je pu trouver de quoi en tirer ces quelques
gouttes.

Enflammée de ces ardeurs, aiguil-
lonnée par ces désirs, le vase d'albâtre
étant brisé, l'âme commence à pres-
sentir la suavité du parfum, non pas
encore en le goûtant, mais en le res-
pirant, et elle conclut combien il serait doux d'expérimenter cette pureté
dont elle reconnait la méditation si
délicieuse. Toutefois, que fera-t-elle?
Elle brûle d'envie de la posséder,
mais elle ne trouve pas en elle de
moyen pour l'obtenir. Plus elle cherche, plus elle désire. En se livrant à
la méditation, elle se livre aussi à la
douleur, car elle a soif de cette douceur que la méditation lui montre
dans la pureté du cœur, et elle ne
peut la goûter. En effet, il n'est pas
au pouvoir de celui qui lit, ni de

meditantis hanc sentire dulcedinem, nisi data fuerit desuper. Legere enim et meditari tam bonis,
quam malis commune est. Et ipsi philosophi gentium in quo
summa veri boni consisteret, ductu rationis invenerunt : sed quia
cum Deum cognovissent, non sicut Deum glorificaverunt, et de
suis viribus praesumentes dice-
bant: *Linguam nostram magnifi-
cabimus, labia nostra a nobis sunt*:
Rom. I. *Quis noster Dominus est?*
Psal. II. non meruerunt perci-
pere quod potuerunt videre. Eva-
nuerunt in cogitationibus suis, et
omnis eorum sapientia devorata
est ; quam eis contulerat huma-
næ studium disciplinæ, non spiritus sapientiæ, qui solus dat veram

celui qui médite, de sentir cette douceur, si elle n'est donnée d'en Haut.
Lire et méditer sont choses commu-
nes aux bons et aux méchants. Les
philosophes païens eux-mêmes, con-
duits par la raison, trouvèrent la
source du vrai bien. Mais, parce
qu'après avoir connu Dieu, ils ne
le glorifièrent pas comme Dieu, et
qu'ils disaient dans leur orgueil:
« Nous exalterons notre langue; nos
lèvres sont à nous: qui est notre
maître? », ils ne méritèrent pas de
recevoir ce qu'ils avaient vu. Ils s'é-
vanouirent dans leurs pensées, et
toute leur sagesse fut dévorée. L'é-
tude de la science humaine la leur
avait donnée, ce n'était pas l'Esprit
de sagesse; lui seul donne la vraie
sagesse, c'est-à-dire, cette science
pleine de goût, qui, par son inesti-
mable saveur, réjouit et refait l'âme

sapientiam, sapidam scilicet scientiam : quæ animam cui inhæsit inæstimabili sapore jucundat et reficit. Et de illa dictum est : *Sapientia non intrabit in malevolam animam.* Sap. 1. Hæc autem a solo Deo est. Officium enim baptizandi Dominus concessit multis : potestatem vero et auctoritatem in baptismo remittendi peccata, sibi soli retinuit. Unde Johannes autonomastice et discretive de eo dixit: *Hic est qui baptizat.* Johan. 1. Sic de eo possumus dicere: Hic est qui sapientiæ saporem dat, et sapidam animam facit. *Sermo siquidem datur multis, sed sapientia paucis : (Cato in distycc.)* quam distribuit Dominus cui vult, et quomodo vult.

où elle se fixe. C'est d'elle qu'il a été dit : « La sagesse n'entrera pas dans l'âme mal intentionnée. » Or cette sagesse ne vient que de Dieu. Sans doute le Seigneur a confié à beaucoup la charge de baptiser, mais la puissance et l'autorité de remettre les péchés dans le baptême, il les a gardées pour Lui seul. Aussi saint Jean a dit de lui : « Voilà celui qui baptise. » Nous pouvons pareillement dire de Lui : voilà celui qui donne du goût à la sagesse et qui rend l'âme sage. Beaucoup reçoivent le don de la parole, peu, celui de la sagesse : le Seigneur la distribue à qui il veut et comme il veut.

Commentaire.

LA lecture est un préambule. La méditation est le premier acte de l'oraison. Notre auteur définit la méditation : *l'action laborieuse de l'âme cherchant aux lumières de la raison la connaissance de la vérité cachée.* Cette définition paraît empruntée à saint Augustin qui a dit : *la méditation est l'investigation laborieuse de la vérité cachée.* Si l'on n'ajoutait rien à cette définition ou si l'on n'y sousentendait rien, on ne pourrait dire que la méditation est un acte propre à l'oraison, un acte de religion. Sous cet aspect général, elle convient à l'étude de toute science et de tout art, car, dans toute étude, quel qu'en soit l'objet, on trouve l'action de l'âme appliquée à réfléchir et cherchant, aux clartés de la raison, la vérité cachée. Il faut ajouter qu'elle la cherche aussi dans la lumière divine. Cette lumière divine se trouve dans la méditation propre à l'oraison. St Augustin affirme en effet que « *la révélation divine illumine la méditation, afin qu'elle parvienne à la connaissance*

de la vérité.» La méditation, pour faire
partie de l'oraison, doit procéder du
désir d'honorer Dieu par les actes de
l'intelligence. Ce qui arrivera si on
considère la méditation elle-même
comme un hommage rendu à Dieu,
comme un acte du culte que nous lui
devons. Et pourquoi n'aurait-elle pas
ce caractère, puisqu'elle doit reposer
avant tout sur un acte de foi et qu'elle
s'exerce souvent par des actes de foi,
puisque nous la faisons en vue d'accroi-
tre en nous la révérence pour la gloire
et la majesté divine, le désir de prier,
et la dévotion envers Dieu. Un second
caractère que cette méditation doit
avoir est d'être pratique, au moins dans
notre intention, c'est-à-dire que nous
devons la faire en vue d'exciter en nous
l'amour de Dieu, but final de tout saint
exercice de piété. S'il en était autrement,
il n'y aurait dans notre méditation ni
acte de religion, ni acte de piété: nous
ne ferions plus oraison. Or, toutes ces
conditions et tous ces caractères, notre
auteur les indique en qualifiant de
laborieuse la méditation. Il nous marque
par là qu'elle ne doit pas être seulement

une investigation diligente, soignée, mais encore, selon l'étendue de son objet, droite, honnête, pratique, et sainte par conséquent.

On lui applique justement cette parole de David : *la méditation de mon cœur est toujours en votre présence, ô mon Dieu*. Remarquons que la méditation est un acte de l'intelligence et que cependant David l'attribue à son cœur. Il veut dire en s'exprimant ainsi que la méditation doit sortir de l'amour et tendre à lui, en cherchant l'objet de nos désirs, et en creusant jusqu'à ce qu'elle trouve le trésor caché. Remarquons encore que cette méditation est faite en la présence divine, parce qu'elle se rapporte entièrement au culte de Dieu. David nous apprend, ce qu'enseignent tous les théologiens mystiques, que le premier acte de l'oraison doit être de nous établir en la présence de Dieu, en nous représentant avec une foi vive, une attention soutenue, une grande révérence, que nous sommes en face de son adorable majesté ; pénétrés de ce sentiment, nous pouvons commencer à méditer.

Par l'exemple qu'il nous donne de l'âme méditant sur ces paroles : *Bienheureux ceux qui ont le cœur pur*, notre auteur nous marque que la méditation doit avoir deux effets : le premier de nous montrer ce qu'il faut désirer, ce qu'il faut craindre, ce qu'il faut demander, ce que nous devons penser de nous-mêmes, de Dieu, de l'honneur, des richesses, de la gloire, en un mot des choses de la terre et des choses de l'éternité ; le second, d'enflammer notre volonté d'amour pour le bien et de haine pour le mal. *Mon cœur s'est échauffé en moi-même et dans ma méditation le feu de mes désirs éclate.* Or, quand la vérité que nous méditons a illuminé notre esprit et embrasé notre cœur, la prière jaillit naturellement sur nos lèvres ; elle jaillit de cette conviction profonde où nous sommes, que par nous-mêmes nous ne pouvons obtenir ce que notre âme connaît et désire.

IV

VIDENS autem anima quod ad desideratam cognitionis et experientiæ dulcedinem per se non possit attingere, et quanto magis ad cor altum accedit, tanto magis exaltatur Deus, humiliat se, et confugit ad orationem, dicens: Domine qui non videris nisi a mundis cordibus, investigavi legendo, meditando quæsivi quomodo haberi possit vera cordis munditia, ut ea mediante, vel ex modica parte possem te cognoscere. Quærebam vultum tuum Domine, vultum tuum requirebam. Diu meditata sum in corde meo, et in meditatione mea exarsit ignis

IV

VOYANT qu'elle ne peut d'elle même atteindre à la douceur désirée de la connaissance et de l'expérience, et que plus Dieu s'approche d'un cœur profondément humilié, plus il est glorifié, l'âme s'abaisse et se réfugie dans la prière. Elle dit : Seigneur, vous qui n'êtes vu que des cœurs purs, j'ai cherché en lisant, j'ai demandé en méditant comment on obtenait la vraie pureté du cœur, afin que, grâce à elle, je puisse au moins un peu vous connaître. Je cherchais votre face, Seigneur, c'est votre face que je réclamais. Longtemps j'ai médité dans mon cœur, et dans ma méditation le désir de vous connaître davantage s'est allumé. On vous connaît grandement à la fraction du

ac desiderium amplius cognoscendi te. Dum panem Sacræ Scripturæ mihi frangis, in fractione panis magna cognitio est : et quanto plus te cognosco, plus te cognoscere desidero, non jam in cortice litteræ, sed in sensu experientiæ. Nec hoc peto, Domine, propter merita mea, sed pro tua misericordia. Fateor enim quia indigna et peccatrix sum : sed et catelli edunt de micis quæ cadunt de mensa dominorum suorum. Da mihi, Domine, arrham hereditatis futuræ, saltem guttam cœlestis pluviæ, qua refrigerem sitim meam quia amore ardeo.

pain, et vous me rompez le pain de la Sainte-Écriture. Or, plus je vous connais, plus je désire vous connaître, non plus dans l'écorce de la lettre, mais dans le sentiment de la possession. Et cette faveur, je vous la demande, Seigneur, non à cause de mes mérites, mais au nom de votre miséricorde. J'avoue que je suis indigne et pécheresse. Toutefois, les petits chiens eux-mêmes mangent les miettes qui tombent de la table de leurs maîtres. Donnez-moi, Seigneur, l'arrhe de l'héritage futur, au moins une goutte de pluie céleste pour me rafraichir, car je brûle d'amour.

Commentaire.

LA méditation nous conduit à la prière par une double voie : elle excite notre désir et, en même temps, elle nous montre que nos propres forces sont insuffisantes pour atteindre le but où nous aspirons. L'âme s'adresse alors à Dieu ; elle lui demande de mettre le comble à ses faveurs en se donnant à elle en plénitude. La prière se mêle à la méditation et n'en est pas séparée. Ces deux actes se confondent et s'alimentent l'un l'autre. Il faut que la méditation ou la simple réflexion précède pour éveiller le désir d'où naît la prière, car pour vouloir il faut connaitre, et pour demander il faut désirer. Mais ensuite la prière elle-même et le désir poussent notre esprit à chercher les raisons et à méditer sur les motifs à présenter à Dieu pour appuyer nos vœux, et quand nous les avons trouvés, la prière jaillit encore avec une nouvelle ferveur et une confiance plus grande. Ces rai-

sons, ces motifs nous les puisons soit en
Dieu, soit en JÉSUS-CHRIST, soit dans
les Saints, soit en nous-mêmes. En Dieu,
ce sont ses promesses, sa bonté, sa miséricorde, sa bienfaisance, l'invitation
qu'il nous adresse de prier, les intérêts
de sa gloire.— En JÉSUS-CHRIST, c'est
sa qualité de médiateur; c'est par lui et
en lui qu'on obtient toute grâce et tout
don surnaturel; c'est pourquoi l'Église
termine toujours ainsi ses prières : *Par*
JÉSUS-CHRIST, notre Seigneur.— Dans
les saints ce sont leurs mérites. — En
nous-mêmes, nous ne trouvons que peu
de motifs à faire valoir. Il est bien rare
que nous puissions alléguer nos mérites.
On lit, il est vrai, qu'Ezéchiel disait à
Dieu: *Souvenez-vous, je vous prie, com-*
me j'ai marché devant vous dans la vé-
rité, dans la perfection; souvenez-vous
que j'ai accompli ce qui vous est agréa-
ble. Mais cet exemple presque unique
n'est pas à imiter : « *Qui osera*, s'écrie
St Augustin, *offrir à Dieu ses mérites*
avec cette certitude, s'il n'est inspiré

d'une manière particulière par le Saint-Esprit. » Cependant, si parfois notre âme est trop triste et trop abattue, elle peut, pour se relever et se donner du courage, se rappeler ses bonnes œuvres, mais avec une grande humilité, une grande crainte, et sans aucune présomption. Il vaut mieux ordinairement représenter à Dieu des motifs puisés dans la connaissance de notre misère, de notre infirmité, de nos fautes, non pour excuser ou diminuer notre malice, mais pour faire ressortir la miséricorde du Seigneur et les autres attributs divins qui éclatent d'autant plus en nous que notre néant est plus profond. N'oublions pas toutefois que Dieu n'a pas besoin que nous lui exposions ces motifs dans nos prières pour les connaître et en être touché en lui-même : il les connaît par avance, et, les connaissant, il peut en être touché, s'il le veut. Nous exposons ces motifs pour exciter notre foi, augmenter notre espérance, pratiquer les autres vertus qui peuvent nous être

utiles pour obtenir l'effet de nos prières,
comme l'humilité, l'abjection, l'estime
de la gloire de Dieu, la dévotion. Nous
les exposons enfin, parce que nous ré-
vérons et honorons Dieu davantage. En
effet, plus nous réfléchissons sur ces
motifs et mieux nous reconnaissons les
attributs de Dieu, ce qui est comme
un culte rendu à son infinie majesté.

V

IS et hujusmodi ignitis eloquiis suum inflammat desiderium : sic ostendit suum affec-
tum. His incantationibus advocat
sponsum. Dominus autem, cujus
oculi super justos, et aures ejus
non solum ad preces, sed ipsas
preces eorum non expectat donec
sermonem finierint, sed medium
orationis cursum interrumpens,
festinus ingerit se, et animæ desi-
deranti festinus occurrit cœlestis
rore dulcedinis circumfusus, un-
guentis optimis delibutus ; animam fatigatam recreat, esurien-
tem reficit, aridam impinguat, et
facit eam terrenorum oblivisci,

V

PAR ces propos embrasés et autres semblables, l'âme enflamme
son désir: elle montre ainsi son affection. C'est par ces enchantements
qu'elle appelle l'Epoux. Et le Seigneur
dont les yeux sont ouverts sur les jus-
tes, qui non seulement écoute leurs
prières, mais n'attend pas qu'elles
soient finies, l'interrompt au milieu de
son discours et se présente aussitôt; il
accourt avec empressement vers ce
cœur qui le désire, il accourt tout cou-
vert de la rosée de la céleste douceur,
parfumé des senteurs les plus odoran-
tes. Il repose la fatigue de l'âme, il
apaise sa faim, il féconde son aridité,
il lui fait oublier les choses de la terre,
car par son souvenir dont il la remplit,
il la fortifie admirablement, il la vi-

memoria sui eam mirabiliter for-
tificando, vivificando, et inebrian-
do, ac sobriam reddendo. Et sicut
in quibusdam carnalibus officiis
anima adeo vincitur carnali con-
cupiscentia, quod omnem usum
rationis amittit, et fit homo quasi
totus carnalis ; ita merito in hac
superna contemplatione ita con-
sumuntur et absorbentur carnales
motus ab anima, ut in nullo caro
spiritui contradicat, et fiat homo
quasi totus spiritualis.

vifie, il l'enivre et la rend sobre. Et de
même que dans certaines actions de
la vie matérielle, l'âme est vaincue par
la concupiscence de la chair au point
de perdre entièrement l'usage de la
raison, et que l'homme devient tout
à fait charnel, de même, à juste titre,
dans cette contemplation élevée, les
mouvements de la concupiscence
sont tellement consommés et absorbés
par l'âme, que la chair ne s'oppose
pas à l'esprit, et que l'homme devient
pour ainsi dire tout spirituel.

Commentaire.

LA contemplation est le quatrième degré de l'oraison, et le plus haut auquel l'âme puisse s'élever en cette vie. Saint Augustin la définit : *une admiration joyeuse de la vérité apparaissant dans tout son éclat;* il en place donc l'essence dans l'admiration. Notre auteur semble la placer plutôt dans la douceur qu'éprouve l'âme arrivée sur ces sommets radieux: *Contemplatio est ipsa dulcedo quæ jucundat et reficit.* Saint Thomas l'attribue à un acte de l'intelligence, à la vue de la vérité divine. Les autres actes d'après lui précèdent ou suivent la contemplation. La plupart des mystiques ont adopté ce sentiment et disent avec saint Bernard que la contemplation est la vue claire et sûre de la vérité. C'est ainsi qu'elle diffère de la lecture, de la méditation et de la prière et qu'elle est le dernier acte intellectuel qui se pro-

duise dans l'oraison. Il ne faut pas con-
fondre cette contemplation que nous
appelerons théologique avec la contemplation philosophique. Celle-ci embrasse tout objet et toute vérité : celle-là, au
contraire, ne s'occupe que de Dieu même
et ensuite des choses de Dieu, de ses
œuvres, de ses bienfaits, de leurs effets
en tant qu'ils conduisent à sa connaissance. Elle est le but de la vie de l'homme, et, dans la patrie céleste, elle en
sera le bonheur absolu, elle atteindra
toute sa perfection : elle sera la pure et
claire vision ; ici-bas elle ne peut arriver à cette perfection, et si la contemplation est appelée vision, ce n'est pas en
ce sens qu'elle soit la vue totale de la
vérité en elle-même ; on veut marquer
par là qu'elle voit la vérité autant que le
permet sur cette terre l'infirmité du
regard humain. — La contemplation
théologique diffère encore de la contemplation philosophique en ce qu'elle

n'est pas purement spéculative, mais
pratique, soit dans son objet, soit dans
l'intention de celui qui contemple. —
1°)Elle doit être pratique dans son objet.
Ainsi elle s'occupe de Dieu dont elle
considère la majesté, la bonté et les
autres attributs ; néanmoins, elle ne
s'occupe pas de Dieu en tant qu'il est
susceptible d'être connu ; elle s'en occupe
en tant qu'il est digne de gloire, d'honneur, de respect, etc. Sans cette condition, elle ne serait pas la contemplation,
dont l'oraison reçoit son couronnement,
car la fin de cette contemplation doit
être l'union avec Dieu. D'où il suit qu'elle
ne doit pas se tenir sur le domaine spé-
culatif, mais sur le terrain de la pratique,
afin d'arriver à ce but suprême et unique.
2°)Elle doit être pratique dans l'intention
de celui qui contemple. Nous entendon
par là qu'elle doit être faite en vue de no
tre sanctification. Nous pouvons répéte
ici les paroles de St Ambroise, dans son

traité sur Abraham : *il n'est pas assis
dans l'oisiveté celui qui regarde de loin.*
Il s'exprime ainsi à propos du patriar-
che qui s'était assis, afin de voir s'il
n'arrivait pas à l'horizon quelque voya-
geur pour le recevoir dans sa tente. Et
nous, nous affirmons que la contemplation par laquelle, plongés dans la paix,
nous voyons Dieu de loin, doit avoir
pour but de nous unir à lui, de lui donner l'hospitalité dans notre cœur. David
parlait de ce repos et de cette action,
lorsqu'il s'écriait : *Reposez-vous et voyez,
car je suis votre Dieu.* St Bernard en
conclut que rien ne se rapporte plus
au culte de Dieu que cette contemplation et que s'y livrer est une œuvre de
piété : nouvelle preuve que cet exercice
doit être pratique. Or, parce qu'il est
pratique, la volonté et le cœur y pren-
nent part ; la volonté, puisque la contemplation est un acte humain ; le cœur,
puisqu'elle est un acte du culte dû au

Père céleste. Mais qui est-ce qui excite notre cœur à produire cet acte? Ce peut être le plaisir de contempler l'objet que nous voyons, ce peut être l'amour de cet objet, ce peut être l'esprit de religion, ce peut être enfin notre propre avantage, non pas un avantage terrestre, mais un avantage surnaturel, une espérance divine. La contemplation peut et doit être aimée principalement par amour pour Dieu, en tant que cet amour nous unit à lui et nous vaut la joie de sa présence et de son commerce. Dans le ciel les Saints aiment la vision béatifique, non seulement à cause du bonheur qu'elle leur procure, mais surtout par amour pour Dieu, soit parce qu'elle leur rend présent Celui qu'ils aiment, soit parce qu'ils savent que cette vision le glorifie. Or, la contemplation en cette vie est une participation et une imitation de la vision béatifique; elle doit donc être aimée par amour pour Dieu même.

C'est ce qu'enseigne St Thomas. «La contemplation parfaite, dit-il, procède de l'amour de Dieu;» et il ajoute que cette contemplation aboutit comme à son terme, à une grande délectation spirituelle qui surpasse toutes les joies de la terre.

VI

SED, o Domine, quomodo comperiemus quando hæc facis, et quod signum adventus tui? Numquid hujus consolationis et lætitiæ testes et nuntii sunt suspiria et lacrymæ? Si ita est, nova est antiphrasis ista, et significatio inusitata. Quæ enim conventio consolationis ad suspiria, lætitiæ ad lacrymas? si tamen istæ dicendæ sunt lacrymæ et non potius roris interioris desuper infusi superfluens abundantia, et ad interioris ablutionis indicium exterioris hominis purgamentum : ut sicut in baptismo puerorum per exteriorem ablutionem significatur et figuratur

VI

MAIS, ô Seigneur, comment découvrirons-nous que vous opérez ces merveilles, et quel est le signe de votre arrivée? Les soupirs et les pleurs sont-ils les témoins et les messagers de cette consolation et de cette joie? S'il en est ainsi, cette antiphrase est nouvelle, et cette signification est inusitée. En effet, qu'y a-t-il de commun entre la consolation et les soupirs, entre la joie et les larmes? si l'on peut cependant parler ici de larmes et non pas plutôt de l'abondance débordante de la rosée intérieure, répandue d'en haut, et qui en coulant au dehors indique la purification intime de l'homme. Dans le baptême des enfants l'ablution extérieure désigne et figure

interior animæ ablutio ; ita hic
e contra exteriorem ablutionem
interior præcedat purgatio.

O felices lacrymæ, per quas
maculæ interiores purgantur, per
quas peccatorum incendia exstin-
guuntur ; Beati qui sic lugetis,
quia ridebitis. In his lacrymis
agnosce, o anima, sponsum tuum,
amplectere desideratum. Nunc
te torrente voluptatis inebria, su-
ge ab ubere consolationis ejus lac
et mel. Hæc sunt miranda mu-
nuscula et solatia quæ dedit tibi
sponsus tuus, gemitus scilicet et
lacrymæ. Adducit tibi potum in
his lacrymis in mensura. Hæc
lacrymæ sunt tibi panes die ac
nocte; panes utique confirmantes
cor hominis, et dulciores super
mel et favum. O Domine JESU, si

l'ablution intérieure de l'âme : ici, au contraire, la purification intérieure précède l'ablution extérieure. O heureuses larmes qui lavent les souillures du péché et qui éteignent les ardeurs du mal ! « Bienheureux êtes vous, vous qui pleurez ainsi, car vous serez dans la joie. » Dans ces larmes, ô mon âme, reconnais ton Époux, embrasse celui que tu désires. Enivre-toi maintenant au torrent de jouissance, suce aux mamelles de sa consolation le lait et le miel. Tels sont les admirables petits présents et les adoucissements que ton Époux t'a offerts : les soupirs et les larmes. Il te présente avec mesure un breuvage dans ces larmes. Ces larmes sont ton pain le jour et la nuit, pain qui fortifie le cœur de l'homme, et plus doux que le miel. O Seigneur Jésus, si les pleurs que font couler votre souvenir et l'amer-

adeo sunt dulces istæ lacrymæ,
quæ ex memoria et desiderio tui
excitantur, quam dulce erit gaudium quod ex manifesta tui visione capietur! Si adeo dulce est
flere pro te, quam dulce erit gau-
dere de te!

Sed quid hujusmodi secreta
colloquia proferimus in publicum?
Cur ineffabiles et inenarrabiles af-
fectus verbis communibus cona-
mur exprimere? Inexperti talia
non intelligunt, nisi ea expressius legant in libro experientiæ,
quos ipsa doceat unctio. Aliter
autem littera exterior non prodest quicquam legenti. Modicum
sapida est lectio exterioris litteræ, nisi glossam et interiorem
sensum sumat ex corde.

tume de votre absence sont suaves à
ce point, combien sera suave la joie
qu'on trouvera dans votre claire vision? S'il est doux à ce point de
pleurer pour vous, quel bonheur sera
ce de jouir de vous!

Mais pourquoi livrer au public
ces colloques intimes? Pourquoi s'ef-
forcer d'exprimer en discours vul-
gaires des sentiments ineffables et in-
énarrables? Ceux qui n'ont pas
éprouvé ces choses, ne les comprent-
nent pas, s'ils ne lisent plus clairement
qu'ici dans le livre de l'expérience et
si la grâce elle-même ne les instruit.
Autrement la lettre extérieure ne sert
de rien à celui qui lit. La lecture de
la lettre extérieure a peu de saveur,
quand elle ne tire point du cœur les
réflexions et le sens caché.

Commentaire.

CETTE délectation de l'âme, cette joie intérieure qui se produisent au dehors par de si douces larmes, constituent ce qu'on appelle la dévotion passive par opposition à la dévotion active, qui est un acte délibéré de notre volonté. Cette dévotion passive ou ce sentiment de suavité spirituelle, naît en nous spontanément, sans que nous y contribuions par quelque acte positif. Dieu, en effet, a coutume de nous prévenir en illuminant notre esprit, en touchant notre cœur, en nous poussant au bien, et si parfois il nous inspire ainsi la crainte, il fait également surgir en nous une inclination suave et délectable au moins imparfaite envers son adorable Majesté et les choses divines. Par ce moyen le Saint-Esprit excite et porte les âmes à bien faire toutes leurs œuvres surnaturelles. Or, quand Dieu,

en nous attirant à lui, répand dans notre
cœur cette suavité, ce sentiment, quoique notre volonté y soit étrangère, peut,
en tant qu'il nous porte à des actes de
religion, être appelé dévotion. Le Saint-
Esprit en est la seule cause, puisqu'elle
est une grâce prévenante que Dieu accorde ou refuse à qui il lui plaît. Quelquefois il la donne pour récompenser un
mérite antécédent, quelquefois il l'en-
lève pour nous humilier, nous éprouver
et nous obliger à reconnaître notre indigence. Cependant il arrive souvent
qu'il l'accorde à ceux qui ont bien usé
de dons précédemment reçus, en le ser-
vant, en le priant, en désirant, en modé-
rant leurs affections. Ainsi cette suavité
de dévotion ne vient pas de nous ; toutefois, en tant qu'elle peut supposer des
grâces déjà accordées et des œuvres
saintes faites en vertu de ces grâces, elle
a quelque fondement dans nos bonnes
dispositions et dans notre mérite.

Voici, considéré dans ses rapports avec l'oraison, le second genre de dévotion et de suavité spirituelle qui en résulte. Elle est toute active et a pour cause première et principale le Saint-Esprit opérant et coopérant en nous par sa grâce. *La divine consolation*, dit saint Bernard, *est la source de la dévotion*. Elle a pour seconde cause notre application à l'oraison qui excite dans notre volonté une plus grande affection pour Dieu, car elle nous porte à lui plaire par des actes délibérés, généraux ou particuliers, soit par un motif de charité ou de religion, suivant le sujet de la méditation, nos dispositions et les mouvements du Saint-Esprit. De ces affections découlent cette délectation, cette suavité qu'on éprouve dans l'oraison, qui en est comme la sève débordante et que St Thomas a désignée sous le nom de joie spirituelle. Nous pouvons appliquer ici cette parole du

Psaume : « *Je me suis rappelé vos juge-ments, Seigneur, et j'ai été consolé.* »
« Celui qui sait méditer, dit saint Ansel-me, a ce qu'il faut pour acquérir la grâce de la consolation, mais celui-là n'a rien qui ignore cet art. »

VII

O ANIMA, diu protraximus sermonem. Bonum enim erat nos hîc esse, cum Petro et Johanne contemplari gloriam sponsi et diu manere cum illo, si vellet hic fieri, non duo, non tria tabernacula, sed unum, in quo essemus simul, et simul delectaremur. Sed jam dicit Sponsus: *Dimitte me*, Gen. *3. jam enim ascendit aurora;* jam lumen gratiæ et visitationem quam desiderabas accepisti. Data ergo benedictione, mortificato nervo femoris, et mutato nomine de Jacob in Israël, paulisper secedit Sponsus

VII

O AME, nous avons parlé longtemps, car il faisait bon être
là; il faisait bon contempler avec
Pierre et Jean la gloire de l'Époux
et rester encore avec lui, s'il eût voulu
qu'on dressât, non pas deux, non pas
trois tentes, mais une seule dans laquelle nous aurions habité ensemble, et ensemble nous nous serions
réjouis. Mais l'Époux dit bientôt :
« Laisse-moi aller, car déjà l'aurore
se lève; » et tu as reçu maintenant la
lumière de la grâce et la visite après
laquelle tu soupirais. Après avoir
donné sa bénédiction, après avoir
desséché le nerf de la cuisse, affaibli
les forces de la chair, et changé le

diu desideratus, cito elapsus. Subtrahit se tam a prædicta visione, quam a dulcedine contemplationis : manet tamen præsens quantum ad gubernationem.

nom de Jacob en celui d'Israël, il se dérobe un moment, cet Époux longtemps désiré et si tôt disparu. Il s'éloigne aussi bien de la vision dont nous avons parlé que de la douceur de la contemplation; néanmoins il demeure présent pour nous gouverner.

Commentaire.

NOUS voici arrivés à ce sommet de l'oraison où l'âme, le regard fixé sur la vérité qu'elle contemple, jouit de son bonheur dans un profond repos, semblable, dit Richard de St Victor, à ces oiseaux qui, après s'être élevés très haut, s'arrêtent et, les ailes étendues, demeurent comme suspendus au milieu des airs. Là tout raisonnement cesse, parce que nous avons atteint le terme des opérations intellectuelles. Cette contemplation est un acte simple, que n'accompagne aucun travail de notre intelligence. Trois dons du Saint-Esprit concourent à nous placer en cet état, l'intelligence, la sagesse et la science. Le don d'intelligence nous fait concevoir les choses de la foi d'une manière plus élevée que nous ne pourrions le faire avec nos lumières et nos forces naturelles. Cette conception supérieure est très utile, soit pour affermir notre esprit dans cette haute compréhension de la vérité, car plus il s'élève, plus il demeure suspendu, ravi d'admiration, — soit pour affermir notre assentiment, parce que la vérité mieux comprise par la grâce particulière du Saint-Esprit, nous apparaît plus divine et plus digne de notre foi, soit enfin pour éprouver une plus grande jouissance. Aux effets de ce don de l'intelligence se rapporte la représentation de toutes les choses, qui par leur analogie ou leur contraste, nous aident à mieux saisir la vérité contemplée. Le don de sagesse et le don de science apportent leurs concours en démontrant cette vérité non pas directement, ni en elle-même, ni par son côté abstrait, mais en nous la représentant comme digne de notre foi, de notre affection et sous son aspect pratique. C'est toujours à la pratique que tout doit tendre dans la contemplation. C'est pourquoi nous ne nous reposons pas dans une vue spéculative de la vérité, mais nous en faisons l'objet des efforts de notre volonté, afin qu'elle s'attache à la vérité ou à Celui d'où elle découle. Voilà l'effet surnaturel de ces dons de science et de sagesse ; le premier le produit par des raisons inférieures, le second, par des raisons supérieures et

surtout par cette aptitude aux choses divines que donne la charité, et d'où vient
cette saveur dont le nom se retrouve
dans l'étymologie latine du mot sagesse.

Mais l'âme ne peut toujours rester
sur ces bienheureuses hauteurs. Sans
doute elle peut persévérer dans la vie
contemplative qui embrasse plusieurs
actes, de sorte que, quand elle est fati-
guée de l'un elle peut, par un agréable
changement, passer à un autre ; elle
peut aller ainsi de la lecture à la méditation, et recommencer ce cercle où
elle trouve, avec la diversité, le plaisir
qui soutient son ardeur. Cependant
ce n'est pas sans lutte qu'on persévère
dans cette vie, car le corps s'y fatigue
vite. Plus cette vie est sublime, plus elle
pèse à la nature ; elle exige une grande
retenue des sens, une grande pureté;
elle exige un corps bien disposé aux
exercices spirituels, un esprit pacifique,
exempt des vains désirs et à l'abri des
ravages de l'imagination. Tout cela est
difficile ; néanmoins par l'habitude, et
avec la grâce de Dieu, le corps s'y fait.
Aussi peut-on se maintenir longtemps
dans la vie contemplative. Mais, il en

est autrement, lorsqu'il s'agit de l'acte même de la contemplation que nous venons de décrire, la durée en est limitée. Il faut descendre de ce Thabor. « *L'infirmité de la chair,* dit St Grégoire, *ne permet pas à l'âme de prolonger cette joie; elle retourne à la vie active où elle se nourrit du souvenir de la suavité divine et se soutient au dehors par de bonnes actions, au dedans par de saints désirs.* » Sur ces hauteurs, *c'est,* comme s'exprime St Bernard, *c'est le terme, c'est la consommation,* c'est la perfection, c'est la paix, c'est la joie du Seigneur dans le Saint-Esprit, c'est ce silence qui se fit durant une demi-heure dans le ciel et dont parle *l'Apocalypse.* Tant que nous sommes dans cette vie, le cœur peut jouir quelquefois de ce silence de la très heureuse paix, dans le ciel, c'est-à-dire dans l'âme du juste qui est le siège de la sagesse. Hélas ! l'heure ne s'achève pas, elle n'arrive pas même à la moitié de sa course, et tout cesse. Mais les pensées que nous gardons de ce bonheur, font du reste de notre journée une fête ininterrompue.

VIII

SED ne timeas, o sponsa, ne desperes, ne existimes te contemni, si paulisper tibi subtrahit Sponsus faciem suam. Omnia ista cooperantur tibi in bonum, et te accessu et recessu lucrum acquiris. Tibi venit, tibi et recedit. Venit ad consolationem, recedit ad cautelam, ne magnitudo consolationis extollat te; ne, si semper apud te sit Sponsus, incipias contemnere sodales, et hanc continuam visitationem non jam gratiæ attribuas, sed naturæ. Hanc autem gratiam cui vult, et quando vult Sponsus tribuit ; non quasi jure hereditario

VIII

NE crains pas, ô Épouse, ne désespère pas, ne te crois pas méprisée, si l'Époux te cache pour un peu de temps son visage. Tout tourne à ton avantage et tu gagnes à son arrivée, comme à son départ. Il vient pour toi, pour toi également il se retire. Il vient pour la consolation, il se retire par précaution, afin que la grandeur de la consolation ne t'enorgueillisse pas. Si l'Époux restait toujours avec toi, tu commencerais peut-être à mépriser les autres âmes, et tu attribuerais cette visite ininterrompue non plus à la grâce, mais à la nature. Cette faveur, l'Époux l'accorde à qui il veut, et lorsqu'il veut; on ne la possède pas comme par droit héréditaire. C'est un pro-

possidetur. Vulgare proverbium
est, quod nimia familiaritas parit
contemptum. Recedit ergo, ne
forte nimis assiduus contemna-
tur, et absens magis desideretur,
desideratus avidius quæratur, diu
quæsitus tandem gratius inve-
niatur. Præterea si numquam
deesset hîc consolatio (quæ res-
pectu futuræ gloriæ, quæ revela-
bitur in nobis, ænigmatica est et
ex parte) putaremus forte hîc
habere civitatem manentem et
minus inquireremus futuram. Ne
ergo exsilium deputemus pro
patria, arrham pro pretii summa, venit Sponsus et recedit vi-
cissim; nunc consolationem affe-
rens, nunc universum stratum
nostrum in infirmitatem com-

verbe commun que trop de fami-
liarité engendre le mépris. Il se retire
donc de peur que trop assidu il ne
soit méprisé; il se retire, afin que,
absent, il soit désiré davantage, afin
que, désiré, il soit cherché avec plus
d'empressement, et que longtemps
cherché, il soit trouvé avec plus de
bonheur. En outre, si cette consolation (qui, au regard de la gloire future
dont nous aurons en nous l'éclatante
révélation, est énigmatique et incom-
plète), ne faisait jamais défaut, nous
croirions peut-être que nous avons
ici une cité permanente, et nous
chercherions moins la cité future. Ne
prenons donc pas l'exil pour la patrie,
l'arrhe   pour   la   somme   totale.
L'Époux vient et s'en va tour à tour,
tantôt apportant la joie, tantôt ren-
dant toute notre couche douloureuse.
Il nous permet de goûter un moment

mutans. Paulisper nos permittit gustare quam suavis est, et antequam plene sentiamus, se subtrahit : et ita quasi alis expansis supra nos volitans, provocat nos ad volandum, quasi dicat : Ecce parum gustatis quam suavis sum et dulcis, sed si vultis plene saturari hac dulcedine, currite post me in odore unguentorum meorum, habentes sursum corda, ubi ego sum in dextera Dei Patris. Ibi videbitis me, non per speculum in ænigmate, sed facie ad faciem : et plene gaudebit cor vestrum, et gaudium vestrum nemo tollet a vobis.

combien il est suave, et avant que nous le sentions pleinement, il s'éloigne. Et ainsi, comme s'il volait sur nous les ailes étendues, il nous provoque à prendre notre essor. Il nous dit en quelque sorte : Voilà que vous goûtez un peu combien je suis doux et suave, mais si vous voulez être entièrement rassasiés de cette douceur, courez après moi à l'odeur de mes parfums, tenant vos cœurs élevés vers ces hauteurs où je suis à la droite de Dieu le Père. Là vous me verrez non dans un miroir et en énigme, mais face à face ; alors votre cœur se réjouira tout à fait et personne ne vous ravira votre joie.

Commentaire.

DIEU, en nous retirant les effets sensibles de sa présence, nous invite à le prier sans cesse, à courir sans cesse après l'odeur de ses parfums. C'est le moment de se rappeler sa recommandation expresse : *il faut toujours prier et ne jamais se lasser.* Il ne faut jamais se lasser, alors même que le Seigneur reste sourd à nos vœux. Car c'est aussi pour notre bien qu'il semble détourner de nous son visage. « Si parfois, dit saint Augustin, il accorde plus tardivement, c'est pour donner du prix à ses dons: ce n'est pas pour nous les refuser. Il y a plus de joie à obtenir ce qu'on désire depuis longtemps ; nous estimons moins ce qu'on nous accorde sur-le-champ. En demandant, en cherchant, notre âme grandit, elle voudrait atteindre ce qu'elle ambitionne. Dieu garde ce qu'il ne veut pas vous donner tout de suite, afin que vous appreniez à désirer grandement les gran-

des choses. » Écoutons saint Jean-Chrysostôme : « Il faut s'abandonner au Créateur ; il sait mieux que nous ce qui nous
convient : il sait comment s'accomplira
notre salut. Notre travail à nous est
de prier continuellement et ne pas nous
inquiéter si Dieu diffère de nous exaucer;
soyons patients. En effet pour différer,
il ne rejette pas nos prières, mais il veut
par cet artifice nous rendre zélés et nous
attirer à lui. » Il faut donc prier sans cesse,
et nous le pouvons. Réservons-nous des
heures particulières pour nous livrer à
l'oraison, dans le recueillement. Si le
temps nécessaire nous manque, du
moins au milieu de nos occupations, éle-
vons-nous un instant vers Dieu, sur les
ailes de quelque sainte pensée. Ces élé-
vations sont une prière, et quel que soit
notre travail, si pressés que nous soyons,
il nous est toujours facile d'agir ainsi.
Notre travail n'est jamais si absorbant
qu'il empêche ces essors de l'âme. Un
bien supérieur à aimer, une idée à
considérer brièvement, le secours divin

à implorer, ses actions à rapporter à Dieu, sont autant d'échappées qui s'offrent à nous. Saint Bonaventure disait : « que la prière interrompe souvent la lecture, comme les autres actions, afin que l'intelligence s'élève toujours vers Dieu d'où il est nécessaire que nous arrive tout bien. » Cette manière de prier n'est pas difficile, quels que soient notre état et notre condition ; il suffit que nous en soyons instruits, que nous commencions à nous y appliquer et en prenions peu à peu l'habitude. Certes ! si elle était recommandée plus souvent au peuple, et si les fidèles étaient engagés à s'y livrer, peut-être beaucoup, même du commun, la pratiqueraient au moins en partie, et non sans grand profit. En règle générale il n'en est pas ainsi. Nous ignorons cette manière de prier ; on ne nous en dit rien, et puis, il faut le reconnaître, elle suppose ordinairement une âme bien disposée pour les choses spirituelles et en ayant soif plus que des choses terrestres ;

elle demande un zèle intérieur, une
sollicitude qui excitent la mémoire. Or,
si la mémoire ne vient pas du cœur,
elle dure peu. Elle suppose aussi l'usage
de l'oraison tranquille et persévérante
d'où naissent des souvenirs que rien
n'efface, comme d'un grand feu naît
une chaleur dont on garde l'impression,
même longtemps après qu'on n'est
plus en présence du foyer. C'est pourquoi il est moralement nécessaire d'a-
voir recours à l'oraison, et d'y vaquer
quelque temps, libre de tout autre soin.
— « Celui, dit saint Augustin, qui ne
pense pas à Dieu dans le repos et la
tranquillité, comment pourra-t-il élever
sa pensée vers Lui au milieu de nom-
breuses occupations et de pénibles tra-
vaux ? Que le fidèle médite donc les
choses divines, lorsqu'il en a le loisir,
et qu'il cherche alors la nourriture qui
lui donnera la force de bien travailler,
afin qu'il ne défaille pas dans l'action.»

IX

ED cave tibi, o sponsa: quando absentat se Sponsus, non longe abibit : et si non vides eum, ipse tamen videt te semper, plenus oculis ante et retro. Nunquam potes eum latere. Habet etiam circa te nuntios suos spiritus, quasi sagacissimos exploratores, ut videant quomodo absente Sponso converseris, et accusent te coram ipso, si aliqua signa lasciviæ et scurrilitatis in te deprehenderint. Zelotypus est Sponsus iste. Si forte alium amatorem receperis, si aliis magis placere studueris, statim discedet a te, et aliis adhærebit adolescentulis. Delicatus est Sponsus

IX

CEPENDANT veille sur toi, ô Épouse. Quand l'Époux s'absente, il ne va pas loin, et bien que tu ne le voies pas, lui te voit toujours. Il est plein d'yeux de tous côtés. Jamais tu ne peux te dérober à ses regards. Il a aussi autour de toi des esprits, ses messagers. Ce sont comme des observateurs très fins, chargés de voir de quelle manière tu te conduis pendant l'absence de l'Époux et de t'accuser devant lui, s'ils surprenaient en toi quelques signes de légèreté et de dissipation mondaine. C'est un Époux jaloux. Si par hasard tu accueilles un nouvel ami, si tu cherches plutôt à plaire aux autres, il t'abandonnera tout de suite, et s'attachera à d'autres cœurs. C'est

iste, nobilis et dives est, specio-
sus forma præ filiis hominum, et
ideo non nisi speciosam dignatur
habere sponsam. Si viderit in
te maculam sive rugam, statim
avertit oculos. Nullam enim im-
munditiam potest sustinere. Esto
ergo casta, esto verecunda et
humilis, ut sic a Sponso tuo me-
rearis frequenter visitari.

Timeo ne diutius detinuerit nos
sermo iste : sed ad hæc compulit
me materia fertilis pariter et dulcis, quam ego non protrahebam
spontaneus, sed nescio qua ejus
dulcedine trahebar invitus.

un Époux délicat, noble et riche, beau entre tous les enfants des hommes. C'est pourquoi il ne daigne avoir qu'une épouse pleine de beauté. S'il aperçoit en toi une tache ou une ride, il détourne à l'instant les yeux, car il ne peut supporter aucune souillure. Sois donc chaste, pudique et humble; tu mériteras ainsi que l'Époux te visite fréquemment.

Je crains que cet entretien ne nous ait retenus trop longtemps. J'ai été poussé à parler ainsi par le sujet à la fois abondant et agréable; je l'ai développé malgré moi, entraîné irrésistiblement par je ne sais quel charme.

Commentaire.

JÉSUS-CHRIST lui-même conseille cette pudeur virginale, cette humilité profonde qui portent l'âme faisant oraison, à se soustraire aux bruits du monde, aux regards des hommes, pour ne chercher à attirer sur elle que les complaisances du Père céleste.

« *Lorsque vous priez*, dit-il, ENTREZ *dans votre chambre, et, la porte étant fermée, priez le Père qui voit dans le secret.* » Le divin Maître, en nous adressant cette recommandation, nous enseigne que nous devons veiller sur notre intention et ne prier que pour honorer Dieu et non pour être vu, pour être applaudi du monde. Il faut donc que l'âme se recueille même au milieu des agitations extérieures. C'est ainsi que beaucoup de Pères exposent dans un sens allégorique les paroles de JÉSUS-CHRIST, et entendent par cette chambre fermée où le Sauveur nous invite à nous retirer, le recueillement du cœur, où nous devons prier Dieu en esprit, la bouche close, les sens en repos, à l'abri des distractions. L'âme doit prendre tous les moyens pour rester dans cette solitude intérieure et éviter tout ce qui pourrait la dissiper. Ces moyens sont nombreux et c'est surtout par l'usage que nous apprendrons à connaître ceux qui touchent à la pratique. Tout ici dépend d'abord de la grâce de Dieu, parce que tout ici appartient à l'ordre surnaturel, et à ce qu'il y a de plus spirituel et de plus parfait dans cet ordre. Il importe avant tout d'implorer le secours divin et de le mériter par l'humi-

lité, la pureté du cœur et par la prière
fréquente et attentive. Nous pouvons en
outre employer des moyens d'un autre
genre. D'abord faisons appel à nos
facultés, à toutes les puissances de
notre âme, à notre corps même. Ser-
vons-nous de notre corps avec courage ;
il doit vaillamment seconder l'âme en
oraison en supportant la peine, l'ennui,
la fatigue. Nous trouvons aussi un aide
puissant dans la tempérance qui favo-
rise les opérations de l'intelligence,
dans la modération des passions, dans
l'innocence de la vie, dans la pratique
des bonnes œuvres. Enfin il est nécessaire que nous nous adressions à un
directeur. C'est la voie ordinaire de la
Providence d'humilier l'homme par
l'homme, de l'éclairer et de le diriger
par des maîtres et des supérieurs. Cette

voie s'impose surtout à ceux qui commencent, et aussi à ceux qui ont fait
des progrès, et aux parfaits ; elle s'impose aux ignorants comme aux savants
et aux sages, car ces derniers eux-
mêmes peuvent être trompés et tomber
dans l'orgueil, s'ils ne se confient à un
guide et ne lui demandent secours.

X

T ergo quæ diffusius dicta sunt, simul juncta melius videantur, prædictorum summam recapitulando colligamus. Sicut in prædictis exemplis prænotatum est, videri potest quomodo prædicti gradus cohæreant, et sicut temporaliter, ita et causaliter se præcedant. Lectio enim quasi fundamentum primo occurrit, et data materia mittit nos ad meditationem. Meditatio vero quid appetendum sit diligentius inquirit, et quasi effodiens, thesaurum invenit et ostendit. Sed cum per se obtinere non valeat, mittit nos ad orationem. Oratio se totis viribus erigens ad Do-

X

RECUEILLONS, en le résu-
mant, ce qui précède, afin que
ce que nous avons dit d'une manière trop diffuse se présente mieux
dans son ensemble. Ainsi que nous
l'avons marqué dans les exemples
précités, on peut voir comment les
quatre degrés se lient entre eux et
se coordonnent dans leurs relations
et de temps et de cause. La lecture
s'offre d'abord comme la base, et,
après en avoir fourni la matière,
vous fait passer à la méditation. La
méditation cherche avec plus de soin
ce qu'il faut désirer, et en fouillant
pour ainsi dire, elle trouve et montre
son trésor. Mais elle ne peut l'acquérir par elle-même et nous renvoie à

minum, impetrat thesaurum de-
siderabilem, contemplationis suavitatem. Hæc autem adveniens,
prædictorum trium laborem re-
munerat, dum cœlestis rore dulcedinis animam sitientem inebri-
at. Lectio ergo est secundum ex-
terius exercitium : Meditatio secundum interiorem intellectum :
Oratio secundum desiderium :
Contemplatio super omnem sensum. Primus gradus est incipien-
tium, secundus est proficientium,
tertius est devotorum, quartus
beatorum.

la prière. La prière s'élève de toutes ses forces vers Dieu et obtient le trésor digne d'envie, les suavités de la contemplation. La contemplation à son tour récompense le travail des trois premiers exercices, en abreuvant des flots de la céleste douceur l'âme altérée. La lecture est donc l'acte des yeux; la méditation, de l'intelligence; la prière, du désir. La contemplation est au-dessus de tout sens. Le premier degré est celui des commençants; le second, de ceux qui progressent; le troisième, des dévots; le quatrième, des bienheureux.

Commentaire.

IL est aisé de voir, en considérant la
série des actes que renferme l'oraison, qu'ils sont du domaine de l'intelligence et de la volonté. A l'intelligence
appartient l'usage que nous faisons de
la foi, base de l'oraison, puisque c'est
l'intelligence qui conduit à Dieu pour
lui parler, pour l'honorer, pour le révé-
rer. C'est elle également qui propose
les vérités qui deviennent la matière
de la méditation ou l'objet de la contemplation. La méditation est du res-
sort de l'intelligence aidée par les trois
dons du Saint-Esprit dont nous avons
parlé précédemment ; la contemplation
en dépend aussi, et en dehors de cette
faculté, elle ne pourrait avoir lieu. C'est
enfin l'intelligence qui nous fournit

toutes les manières de nous exprimer
dont nous avons besoin dans ce saint
exercice pour demander, pour louer,
pour rendre grâces, pour confesser nos
péchés, pour exciter notre zèle.

Le domaine de la volonté n'est pas
moins considérable. Il comprend d'a-
bord les affections et les désirs que fait
naître la méditation des choses célestes. Ces affections peuvent avoir pour
objet toutes les vertus, puisque nous
méditons sur toutes ; elles peuvent se
rapporter à la louange de Dieu, à son
culte, à notre union avec lui. « Non
certes ! il ne se trompe pas, dit S. Jean-
Chrysostôme, celui qui affirme que
l'oraison est la cause de toute justice
et de toute vertu. » Ce qui est vrai, non
seulement parce que l'oraison les ob-

tient de Dieu, mais parce que dans l'oraison on fait des actes de toutes les vertus. Cependant la vertu de religion en est la première; elle est leur reine et leur guide. Elle les appelle toutes, soit pour soumettre entièrement l'âme à Dieu, soit pour lui parler avec révérence, soit pour nous unir à lui ou nous disposer à cette union. A ce point de vue, la volonté a le principal rôle dans l'exercice de l'oraison. C'est par elle que nous commençons sous l'impulsion de la vertu de religion qui incline notre cœur à prier, à honorer Dieu, et c'est par elle que nous finissons, car nous la retrouvons dans l'amour qui nous unit à Dieu, au plus haut degré de l'échelle du ciel. Enfin les sens et l'imagination accompagnent l'intelligence et la volonté comme le serviteur suit le maître, et nous pouvons en toute vérité répéter le cri de David : *Mon cœur et ma chair ont tressailli d'allégresse en présence du Dieu vivant.*

XI

HI autem gradus ita concate-
nati sunt, et vicaria ope sibi
invicem deserviunt, quod præce-
dentes sine subsequentibus aut
parum, aut nihil prosunt : se-
quentes vero sine præcedentibus,
aut raro, aut numquam haberi
possunt. Quid enim prodest lectione continua tempus occupare,
sanctorum gesta et scripta legendo transcurrere, nisi ea etiam
masticando et ruminando succum
eliciamus, et transglutiendo usque ad cordis intima transmitta-
mus, ut ex his diligenter consi-
deremus statum nostrum, et stu-
deamus eorum opera agere,
quorum facta cupimus lectitare ?

XI

CES degrés s'enchainent les uns aux autres et se prêtent un mutuel secours, de façon que les premiers sans les seconds servent peu ou pas du tout, et que les seconds sans les premiers ne peuvent jamais ou rarement être atteints. En effet, que sert de passer son temps à lire continuellement, à parcourir les gestes et les écrits des saints, si de plus nous ne retirons le suc de ces lectures en y pensant et en y repensant, et si, en absorbant ce suc, nous ne les faisons pénétrer jusqu'au fond du cœur, pour considérer ensuite soigneusement notre état, et nous attacher à imiter les œuvres de ceux dont nous désirons lire souvent la vie? Mais comment nous livrerons-

Sed quomodo hæc cogitabimus,
aut quomodo cavere poterimus,
ne falsa aut inania quædam meditando, limites a sanctis Patri-
bus constitutos transeamus, nisi
prius circa hujusmodi ante ex
lectione aut ex auditu fuerimus
instructi? Auditus enim quodam-
modo pertinet ad lectionem.
Unde solemus dicere, non solum
libros ipsos nos legisse quos nobis ipsis vel aliis legimus, sed il-
los etiam quos a magistris audi-
vimus. Item quid prodest homini
si per meditationem quæ agenda
sunt videat, nisi orationis auxilio,
et Dei gratia ad ea obtinenda con-
valescat? *Omne* siquidem *datum
optimum, et omne donum perfec-
tum desursum est, descendens a
Patre luminum, (Jacob 1.)* sine

nous à ce travail de réflexion, ou
comment prendons-nous garde à ne
pas dépasser, en faisant des méditations fausses et vaines, les limites que
les saints Pères ont fixées, si nous ne
sommes instruits auparavant par ce
que nous lisons ou par ce que nous
entendons? car entendre c'est en
quelque sorte lire. Aussi nous avons
coutume de dire que nous avons lu
non seulement les livres dont nous
avons fait la lecture pour nous ou
pour les autres, mais encore ceux
que nous avons entendu lire par nos
maîtres. —

Que sert à l'homme d'apprendre
par la méditation quels sont ses
devoirs, si, par le secours de la prière
et par la grâce de Dieu, il n'a pas la
force de les remplir? Tout don ex-
cellent et tout bien parfait vient d'en
Haut et descend du Père des lumiè-

quo nihil possumus facere: sed
ipse in nobis facit opera, non ta-
men omnino sine nobis, *cooperatores enim Dei sumus 1. Cor. 3.*
sicut dicit Apostolus. Vult siqui-
dem Deus ut eum adjuvemus, et
ut ei advenienti et præstolanti
ad ostium, aperiamus sinum vo-
luntatis nostræ, et ei consentia-
mus. Hunc consensum exigebat
a Samaritana, quando dicebat :
Voca virum tuum, Johan. 4. quasi
diceret : Volo tibi infundere gratiam, tu applica liberum arbitrium.
Orationem exigebat ab ea, cum
dicebat : *Tu si scires donum Dei,
et quis est qui dicit tibi : Da mihi
bibere, forsitan petiisses ab eo
aquam vivam.* Hoc audito, quasi
ex lectione mulier instructa, meditata est in corde suo bonum sibi

res, sans lequel nous ne pouvons rien. C'est lui-même qui opère en nous, mais non pas tout à fait sans nous, car nous sommes les coopérateurs de Dieu, comme s'exprime l'Apôtre. Dieu veut que nous l'aidions; il veut, lorsqu'il arrive et attend à notre porte, que nous lui ouvrions le sanctuaire intime de notre âme, et consentions à ses volontés. Il exigeait ce consentement de la Samaritaine, quand il lui disait : « Appelez votre mari. » Comme s'il disait : Je veux répandre en vous ma grâce, faites approcher le maître de votre cœur, votre libre arbitre. Il exigeait d'elle la prière, quand il lui disait : « Si vous connaissiez le don de Dieu, et quel est celui qui vous dit: donnez-moi à boire, peut-être lui auriez-vous demandé l'eau vive à lui-même. » Après avoir entendu ces paroles,

fore et utile habere hanc aquam.
Accensa ergo habendi desiderio,
convertit se ad orationem, dicens:
Domine da mihi hanc aquam,
ut non sitiam amplius, neque ve-
niam huc haurire aquam. Johan. 4.
Ecce auditus verbi Domini, et
sequens super eo meditatio inci-
taverunt eam ad orandum. Quomodo namque esset sollicita ad
postulandum, nisi prius eam ac-
cendisset meditatio? Aut quid ei
præcedens meditatio contulisset,
nisi quæ appetenda monstrabat,
sequens oratio impetrasset? Ad
hoc ergo ut fructuosa sit meditatio, oportet ut sequatur orationis devotio, cujus quasi effectus
est contemplationis dulcedo.

cette femme, instruite comme au sortir d'une lecture, réfléchit en son cœur qu'il serait bon et utile d'avoir de cette eau. Enflammée du désir d'en posséder, elle a recours à la prière. « Seigneur, dit-elle, donnez-moi de cette eau, afin que je n'aie plus soif et que je ne sois pas obligée de venir à ce puits. » C'est ainsi que l'audition de la parole du Seigneur et la méditation qui la suivit, excitèrent la Samaritaine à prier. Comment eût-elle été sollicitée à demander, si la méditation n'eût allumé ses désirs? Et à quoi lui eût servi de méditer d'abord, si la prière ne lui eût obtenu ce que ces réflexions lui faisaient souhaiter? Afin que la méditation soit fructueuse, il faut donc qu'elle soit suivie des vœux de la prière, dont la douceur de la contemplation est est comme la conséquence.

Commentaire.

NOUS l'avons déjà constaté : dans toute cette suite de saintes opérations l'intelligence et la volonté sont à l'œuvre. Toutes les fois que l'homme passe à l'action, lorsqu'il se donne à la prière, à la dévotion, nous trouvons toujours au point de départ le travail de l'intelligence ; c'est un principe que pour vouloir il faut connaître. Le premier acte de cette suite d'opérations est donc une pensée pieuse en rapport avec le but poursuivi, et comme cette pensée précède tout mouvement de notre volonté, elle vient d'un agent extérieur et d'une grâce excitante. Cependant observons que cette pensée dépend souvent beaucoup de notre attention à la faire naître ; il ne s'agit pas en effet de la première pensée sainte de toute notre vie, mais de celle qui nous porte à faire oraison un

tel jour, une telle heure. Cette attention est double, l'une regarde Dieu,
l'autre regarde l'homme.

A l'attention qui regarde Dieu, se rapportent les prières préalables que nous
faisons pour obtenir ces salutaires pensées ; mais ces prières supposent des
grâces déjà accordées. L'excitation divine d'où jaillira la pensée inspiratrice
est donc grandement subordonnée au
bon usage que nous avons fait des dons
précédents, à la sainteté de la vie, et aux
bonnes dispositions présentes. D'où
il résulte que si la pensée pieuse
est le commencement et la cause de
l'oraison qui la suit, elle est néanmoins
elle-même l'effet d'une prière qui l'a
devancée. Ainsi tout se lie, tout s'en-
chaîne, et forme comme un cercle ;
mais tout s'explique aussi. La prière
qui précède est la cause de la grâce
qui nous donne la pensée, mais une
cause morale, parce que nous la méri-

tons; la pensée, au contraire, est cause de l'oraison par manière de motion physique, à la manière dont l'intelligence meut la volonté. Il est donc très utile de faire de bonnes œuvres avec l'intention formelle d'obtenir ensuite de Dieu la sainte pensée et la volonté de méditer et de prier. Quelquefois, alors même que nous n'ayons pas cette intention, Dieu nous accorde ce bienfait en récompense du bon usage que nous avons fait de ses dons. De toute façon, il est important de répondre à la première grâce de Dieu : la pensée de la méditation, afin d'obtenir la seconde : la dévotion dans l'oraison.

A l'attention qui regarde l'homme se rapportent les moyens dont les maîtres de la vie spirituelle usent pour éveiller le souvenir de Dieu, le désir de l'oraison et des pensées qui nous portent à nous y appliquer. Voici quelques-uns de ces moyens. Si l'oraison a lieu le matin, il faut avoir soin que l'esprit s'en occupe tout d'abord. Il est bon pour cela qu'il s'en occupe dès la veille au soir, de sorte que cette pensée clôture une journée et ouvre l'autre. Si l'oraison est renvoyée à plus tard, il faut la remettre à une heure fixe, afin que le moment venu, le son de l'horloge nous en donne la pensée. C'est une excellente coutume de faire oraison toujours aux mêmes heures : dans ce cas le cours uniforme des choses, l'habitude aident beaucoup la mémoire. Enfin il est avantageux de placer sous ses yeux quelques signes sensibles qui nous rappellent le souvenir de Dieu. De ce souvenir naît la méditation. La méditation enfante le désir, qui devient à son tour le point de départ des autres actes que renferme l'oraison. Cette attention de l'homme qui se manifeste par ces pieuses industries ne mérite pas notre dédain, bien que tout ici doive être surnaturel. En effet, la foi et la grâce n'y sont pas étrangères : elle est une manifestation de la coopération que Dieu nous demande, et la sagesse la conseille lorsqu'elle dit : *Avant l'oraison, préparez votre âme.*

Toutefois, il faut avancer plus loin et posséder un bon vouloir réfléchi, efficace à l'égard de Dieu, de son culte, de l'oraison elle-même. Sans ce bon vouloir, l'âme reste immobile. Sans doute la pensée de Dieu, dont nous venons de parler et qui doit tout précéder, peut être si claire, si véhémente, qu'aussitôt elle nous ravisse en lui de notre plein gré. Ce fait n'est pas impossible et il s'explique par une grâce actuelle abondante, par une heureuse prédisposition surnaturelle qu'engendrent de grandes lumières et un grand amour habituel de Dieu. D'ordinaire néanmoins, il n'en est pas ainsi. La volonté intervient et porte notre esprit à méditer les choses divines ; cette méditation sainte est la source de tout bon désir; c'est elle qui allume en nous l'amour de Dieu et produit les **autres** sentiments de piété que nous éprouvons. Or, cet amour, ces sentiments forment ce que nous appelons la dévotion substantielle, la dévotion active qui nous incline à la prière. La prière à son tour rend notre oraison plus fervente, plus durable et ainsi il est vrai de dire que la dévotion donne à l'oraison la perfection et en est la vie. C'est elle aussi qui est la source de la joie dont nous sommes inondés, lorsque nous arrivons à contempler notre Dieu bien-aimé et les richesses du trésor qu'il nous ouvre.

XII

EX his possumus colligere, quod lectio sine meditatione arida est, meditatio sine lectione erronea, oratio sine meditatione est tepida, meditatio sine oratione infructuosa : oratio cum devotione contemplationis acquisitiva ; contemplationis adeptio sine oratione, aut rara aut miraculosa. Deus, cujus potentiæ non est numerus vel terminus, et cujus misericordia super omnia opera ejus, quandoque ex lapidibus suscitat filios Abrahæ, dum duros et nolentes acquiescere cogit ut velint : et ita quasi prodigus, ut vulgo dici solet,

XII

NOUS pouvons conclure de ce qui précède que la lecture sans la méditation est aride, que la méditation sans la lecture est sujette aux distractions; que la prière sans la méditation est tiède, et que sans la prière la méditation est stérile; que la prière fervente produit la contemplation; que sans la prière la contemplation est chose rare ou miraculeuse. Dieu, dont la puissance n'a ni mesure, ni borne, et dont la miséricorde s'étend sur toutes ses œuvres, suscite parfois des fils d'Abraham des pierres mêmes, quand il dompte les cœurs durs et rebelles. Alors, comme prodigue de sa grâce, il prend, selon le proverbe, le taureau par les cornes,

bovem cornu trahit, quando non vocatus se infundit. Quod etsi quandoque aliquibus legimus contigisse, ut Paulo et quibusdam aliis ; non tamen ideo debemus nos, quasi Deum tentando divina praesumere, sed facere quod ad nos pertinet : legere scilicet et meditari in lege Dei, orare ipsum ut adjuvet infirmitatem nostram, et videat imperfectum nostrum ; quod ipse docet nos facere, dicens : *Petite et accipietis ; quærite, et invenietis ; pulsate et aperietur vobis. Johan. 16.* Nunc enim *regnum cœlorum vim patitur, et violenti rapiunt illud Matt. 11.* Ecce ex præsignatis distinctionibus perspici possunt præ-

lorsque sans être appelé, il entre dans l'âme. Quoique cela soit arrivé parfois, comme nous le lisons de St Paul et de quelques autres, néanmoins nous ne devons pas tenter Dieu, ni compter sur un miracle, mais faire ce qui nous concerne: lire et méditer la loi de Dieu, le prier d'aider notre impuissance et de regarder notre imperfection. C'est ce qu'il nous apprend lui-même à faire: « Demandez, dit-il, et vous recevrez; cherchez et vous trouverez; frappez et l'on vous ouvrira. Car maintenant le royaume des cieux souffre violence et les âmes courageuses s'en emparent. » Ainsi, par les définitions que nous venons de donner, on peut voir les propriétés des quatre degrés, leur coordination, et

dictorum graduum proprietates,
quomodo sibi cohæreant, et quid
singuli in nobis efficiant.

Beatus homo, cujus animus
a ceteris negotiis vacuus, in his
quatuor gradibus versari semper
desiderat, qui venditis universis
quæ habuit, emit agrum illum,
in quo latet thesaurus desiderabilis, scilicet vacare et videre
quam suavis est Dominus: qui
in primo gradu exercitatus, in
secundo circumspectus, in tertio
devotus, in quarto supra se leva-
tus, per has ascensiones, quas in
corde suo disposuit, ascendet de
virtute in virtutem, donec videat
Deum deorum in Sion! Beatus
cui in hoc supremo gradu vel

les effets que chacun d'éux produit en nous.

Heureux l'homme, dont l'esprit libre de tout autre soin, désire s'occuper toujours de ces quatre degrés, qui vend tout ce qu'il possédait, et achète le champ où est caché ce trésor digne d'envie: le bonheur de se reposer des soucis terrestres, et de goûter combien le Seigneur est doux! Heureux l'homme qui exercé dans le premier degré, circonspect dans le second, fervent dans le troisième, élevé au-dessus de lui-même dans le quatrième, monte, par ces ascensions qu'il a disposées dans son cœur, de vertu en vertu jusqu'à ce qu'il voie le Dieu des dieux sur la montagne de Sion ! Heureux celui à qui il est accordé, même pour peu de temps, de

modico tempore conceditur manere, qui vere potest dicere :
ecce sentio gratiam Domini ;
ecce cum Petro et Johanne gloriam ejus in monte contemplor ;
ecce cum Jacob plerumque Ra-
chelis amplexibus delector! Sed
caveat sibi iste, ne post contem-
plationem istam qua elevatus
fuerit usque ad cœlos, inordinato
casu corruat usque ad abyssos,
nec post Dei visionem ad lascivos
mundi actus et carnis illecebras
convertatur. Cum vero mentis hu-
manæ acies infirma veri luminis
illustrationem diutius sustinere
non poterit, ad aliquem trium graduum, per quos ascenderat, levi-
ter et ordinate descendat ; et al-

rester à ce degré suprême, et qui
peut dire en toute vérité: Voici que
je sens la grâce du Seigneur; voici
que je contemple avec Pierre et Jean
sa gloire sur le Thabor: voici qu'avec
Jacob je jouis des embrassements
répétés de Rachel! Mais qu'il prenne
garde qu'après cette contemplation
qui l'élève jusqu'aux cieux, une chute
désordonnée ne le précipite jusqu'aux
abîmes, et qu'après la vision de
Dieu, il ne retourne aux dissipations
du monde et aux plaisirs de la chair.
Comme le regard débile de l'intelligence humaine ne peut soutenir trop
longtemps l'éclat de la vraie lumière,
qu'il descende doucement et avec
ordre à l'un des trois degrés par lesquels il était monté, qu'il s'arrête
tour à tour, tantôt à l'un, tantôt à

ternatim modo in uno, modo in
altero, secundum modum liberi
arbitrii, pro ratione loci et tem-
poris demoretur, tanto jam Deo
vicinior, quanto a primo gradu
remotior. Sed heu fragilis et miserabilis humana conditio ! Ecce
ductu rationis et scripturarum testimoniis aperte videmus in his
quatuor gradibus bonæ vitæ per-
fectionem contineri, et in eis spiritualis hominis exercitium debere
versari. Sed quis est qui hunc vi-
vendi tramitem teneat ? Quis est
hic, et laudabimus eum ? Velle
multis adjacet, sed perficere paucis. Et utinam de istis paucis
essemus.

l'autre, selon les dispositions de sa volonté, et selon les circonstances de lieu et de temps; il sera d'autant plus rapproché de Dieu qu'il sera plus éloigné du premier degré. Hélas! fragile et misérable condition de l'homme! la raison, le témoignage des Écritures nous font voir claire- ment que ces quatre degrés renfer- ment la perfection d'une vie sainte, que c'est eux que l'exercice de l'homme spirituel doit avoir pour objet. Mais qui suit cette méthode? « Quel est celui là et nous le loue- rons? » Beaucoup le veulent, peu le font, et plût au ciel que nous fussions de ce petit nombre.

Commentaire.

NOUS devons tous nous appliquer à l'oraison : les résultats spirituels qui en découlent nous y invitent. Sans doute, l'oraison n'est pas de précepte, mais en disant qu'elle est seulement de conseil, on ne veut pas insinuer qu'elle est propre à une classe de fidèles plutôt qu'à une autre. Elle est utile à tous ; elle est donc proposée à tous. La foi n'est-elle pas le partage commun de tous les enfants de l'Église? Comment donc la méditation des choses de la foi ne serait-elle pas faite pour eux? Or comme la foi est le fondement, la racine de la sainteté, ainsi la méditation des mystères de la foi est d'un grand secours pour accroître la sainteté dans les âmes, et ce secours, tout le monde en a besoin. On ne peut s'excuser en prétextant l'ignorance, le manque de temps. Nous avons vu que ce n'étaient pas là des obstacles sérieux. Ainsi tout homme jouissant de sa raison et possédant la foi est capable de monter quelque degré de l'échelle du ciel, quoique le petit nombre seul arrive au sommet. Le pécheur lui-même n'est pas exclu de ce saint exercice. Il lui est plus nécessaire qu'à personne. En effet, il lui importe souverainement de méditer sur son misérable état, sur les périls qu'il court, sur la bonté de Dieu, sur la félicité éternelle. Peut-être, encore qu'il n'ait pas expié ses fautes passées, il n'a plus d'attache au péché. Quoi de plus propre à ouvrir enfin dans son cœur une source de larmes purifiantes que l'humble prière, et quoi de plus propre à le porter à prier avec humilité que la vue de sa misère et le sentiment de son indigence? Quant au pécheur qui commet l'iniquité et qui s'y complaît, il est bien éloigné de l'oraison et c'est à peine s'il pourrait s'y appliquer. Cependant il n'en est pas tout à fait incapable. Son cœur lassé peut avoir un moment de dégoût et se retourner un instant vers Dieu; qu'il en profite pour méditer sur l'éternité, ses peines et ses tourments. C'est par ce moyen qu'il rompra les chaînes funestes qui le captivent, car Dieu lui donnera la grâce qui rend la méditation fructueuse.

XIII

SUNT autem quatuor causæ, quæ retrahunt nos plerumque ab istis gradibus, scilicet inevitabilis necessitas, honestæ actionis utilitas, humana infirmitas, mundialis vanitas. Prima est excusabilis, secunda tolerabilis, tertia miserabilis, quarta culpabilis. Illis enim quos hujusmodi novissima causa a sancto proposito retrahit, melius erat gloriam Dei non cognoscere, quam post agnitam retroire. Quam utique excusationem habebit iste de peccato ? Nonne ei juste potest dicere Dominus : *Quid debui tibi facere, et non feci ? Isa. 5.* Non eras, et creavi te : pec-

XIII

IL y a quatre causes qui nous éloignent le plus souvent de ces degrés : la nécessité inévitable, l'utilité d'une affaire honnête, la maladie, l'inconstance humaine. La première est excusable, la seconde est tolérable, la troisième est digne de pitié, la quatrième est coupable. Pour ceux que la dernière cause détourne de leur sainte entreprise, il eût mieux valu ne pas connaître la gloire de Dieu, que de revenir en arrière, après l'avoir connue. Quelle excuse donnera ce lâche de sa faute ? Le Seigneur ne peut-il pas lui dire avec justice : « Qu'ai-je dû faire pour toi que je n'ai pas fait ? Tu n'existais pas, et je t'ai créé ; tu avais péché, tu t'étais rendu

casti, et diaboli servum te feceras,
et redemi te : in mundi circuitu
cum impiis currebas, et elegi te.
Dederam tibi gratiam in conspe-
ctu meo, et volebam facere apud
te mansionem : tu vero despexisti
me, et non solum sermones meos,
sed meipsum projecisti retror-
sum, et ambulasti post concupi-
scentias tuas. Sed, o Deus bone,
suavis et mitis, amicus dulcis,
consiliarius prudens, adjutor for-
tis, quam inhumanus, quam teme-
rarius est qui te abjicit ! qui tam
humilem, tam mansuetum ho-
spitem a suo corde repellit ! O
quam infelix et damnosa com-
mutatio ! Creatorem suum abji-
cere, et pravas noxiasque cogita-

l'esclave du démon, et je t'ai racheté ; tu courais dans l'arène du monde avec les impies, et je t'en ai tiré. Je t'avais fait trouver grâce en ma présence, et je voulais établir en toi ma demeure, mais tu m'as dédaigné, tu m'as rejeté moi et mes paroles, et tu as marché à la suite de tes concupiscences.» O Dieu bon, suave et doux, ami tendre, conseiller prudent, protecteur puissant, qu'il est cruel à lui-même et téméraire celui qui vous rejette, qui chasse de son cœur un hôte si humble, si paisible. O le malheureux et funeste échange ! Chasser son créateur et recevoir des pensées mauvaises et coupables ! Cette retraite intime de l'Esprit-Saint, ce sanctuaire du cœur, qu'il remplissait il y a un instant de joies célestes,

tiones recipere! Illud etiam secretum cubile Spiritus Sancti,
secretum cordis, quod paulo ante
cœlestibus gaudiis intendebat,
tam subito immundis cogitationibus et peccatis tradere conculcan-
dum! Adhuc in corde calent sponsi vestigia, et jam intromittuntur
adulterina desideria! Male con-
veniens et indecorum est aures
quæ modo audierunt verba quæ
non licet homini loqui, tam cito
inclinari ad fabulas et detractiones audiendas : oculos, qui sacris
lacrymis modo baptizati erant,
repente converti ad videndas
vanitates : linguam, quæ modo
dulce epithalamium decantave-
rat, quæ ignitis, et persuasoriis

les livrer sitôt aux profanations des
pensées immondes et du péché. La
place de l'Époux est encore chaude
dans le cœur et déjà on y introduit
des désirs adultères! Il est inconve-
nant, il est honteux de prêter si vite
à des fables et à des médisances,
ces oreilles qui venaient d'entendre
des paroles que l'homme ne peut
prononcer, de porter tout à coup sur
les futilités du monde les regards de
ces yeux qui venaient d'être purifiés
par de saintes larmes, d'employer
encore aux vains propos, aux bouf-
fonneries, aux mensonges, aux mali-
ces, cette langue qui chantait tout à
l'heure le doux chant des noces, qui
par ses paroles enflammées et per-
suasives avait reconcilié l'épouse avec
l'Époux et l'avait introduite dans le

eloquiis suis cum Sponso recon-
ciliaverat sponsam, et introduxe-
rat eam in cellam vinariam, iterum converti ad vana eloquia,
ad scurrilitates, ad concinandum
dolos, ad detractiones. Absit a
nobis, Domine. Sed si forte ex
humana infirmitate ad talia dila-
bimur, non ideo desperemus, sed
iterum recurramus ad clementem
Medicum, qui suscitat de terra
inopem, et erigit de stercore pau-
perem, *Psal. 112*, et qui non vult
mortem peccatoris; iterum cura-
bit et sanabit nos. Jam tempus est
ut epistolæ finem imponamus.
Oremus ergo Deum ut impedi-
menta quæ nos ab ejus contemplatione retrahunt, in præsenti

cellier! Qu'il n'en soit pas ainsi de nous, Seigneur! Toutefois, si par faiblesse humaine nous tombons dans ces fautes, ne nous livrons pas au désespoir, mais recourons au médecin miséricordieux qui relève de terre l'indigent et qui arrache le pauvre à son fumier; il ne veut pas la mort du pécheur, il nous soignera et nous guérira de nouveau.

Il est temps de terminer cette lettre. Prions Dieu de diminuer icibas et d'écarter entièrement dans l'éternité les obstacles qui nous empêchent de le contempler; prions-le de nous conduire par les degrés dont nous avons parlé, de vertu en vertu, jusqu'à ce que nous voyons sa Gloire dans Sion où les élus ne recevront pas goutte à goutte, à flots intermit-

nobis mitiget, in futuro nobis penitus auferat : qui per prædictos gradus de virtute in virtutem nos perducat, donec videamus Deum deorum in Sion: ubi electi non guttatim, non interpolatim percipient divinæ contemplationis dulcedinem, sed torrente voluptatis indesinenter repleti, habebunt gaudium quod nemo tollet ab eis, et pacem incommutabilem, pacem in Idipsum.

Tu ergo, frater mi Gervasi, si quando datum tibi fuerit desuper prædictorum graduum celsitudinem conscendere, memento mei, et ora pro me, cum bene fuerit tibi, ut sic cortina cortinam trahat, et qui audit, dicat: Veni.

tents, la douceur de la divine contemplation, mais où, enivrés sans cesse
d'un torrent de délices, ils goûteront
une joie que personne ne leur ravira,
une paix immuable, la paix en Dieu
même.

C'est pourquoi, Gervais, mon frère,
s'il vous est un jour donné d'en haut
de monter au sommet de ces degrés,
souvenez-vous de moi, priez pour
moi lorsque vous serez heureux, afin
qu'ainsi l'un attire l'autre et que celui
qui entend, dise : Viens.

Commentaire.

IL est donc bien vrai que le saint exercice de l'oraison ainsi entendu et pratiqué nous élève de la terre au ciel, et nous vaut la gloire du commerce le plus fréquent, le plus familier qu'on puisse avoir ici-bas avec Dieu. « Qui ne serait surpris, s'écriait S. Jean Chrysostôme, et qui n'admirerait quelle bénignité et quelle bienveillance Dieu nous témoigne en nous accordant ce grand honneur de nous entretenir avec lui et de déposer nos vœux dans son sein? Car nous entrons en conversation avec Dieu, toutes les fois que nous vaquons à l'oraison. » Il y a plus; ce saint exercice nous fait participer, autant du moins que les conditions de l'ex l nous le permettent, à la félicité éternelle, de sorte qu'il constitue vraiment le bonheur de cette vie. C'est ce bonheur que goûtait Marie Madeleine aux pieds de JÉSUS, et le Maître a déclaré qu'elle avait choisi la meilleure part, la part qu'elle garderait pour l'éternité. C'est ce bonheur que peint le pape saint Léon, lorsque, dans son sermon 8ᵐᵉ sur le jeûne, il montre l'âme s'élevant au-dessus des besoins matériels, échappant à la servitude des sens, se retirant dans ses plus pures et ses plus hautes pensées comme dans un sanctuaire inviolable, où, dans le silence de toutes les passions terrestres, elle s'instruit en de saintes méditations et goûte les délices éternelles. Oui, l'âme connaît alors les joies de la patrie, car la vie présente, ainsi que parle S. Augustin, doit être une préparation à la vie de l'éternité. Or, comme celle-ci consiste dans la vue et la louange de Dieu, il s'en suit que pour en être une préparation, celle-là doit participer déjà à cette vue et à cette louange. C'est pourquoi le même Père appelle bienheureux ceux qui

atteignent le degré le plus élevé de l'oraison, ce degré où l'on jouit de l'entretien divin et où l'on voit la divine
beauté. Comment ne seraient-ils pas
heureux, puisque leur intelligence et
leur cœur se livrent déjà à cet acte
suprême qui doit combler tous leurs
désirs dans l'Éternité ? Néanmoins,
ce bonheur si grand qu'il soit, ne nous
satisfait pas encore entièrement et nous
devons prier Dieu de nous conduire de
vertu en vertu jusque sur la montagne
de Sion où nous trouverons la paix immuable. « Qu'aucun fidèle, écrit saint
Augustin, quelque progrès qu'il ait fait
dans la piété, ne dise : C'est assez, car
s'il le dit, il s'arrête en chemin avant
la fin de sa course. Marchons jusqu'à
ce que nous soyons arrivés où ce chemin nous conduit. Ne nous arrêtons
jamais jusqu'à ce que nous soyons par-
venus à cette demeure fixe de la perfection absolue et de la joie éternelle. »

Table des matières.

BIBLIOTHÈQUE
NATIONALE

CHÂTEAU
de
SABLÉ
1989

www.ingramcontent.com/pod-product-compliance
Lightning Source LLC
Chambersburg PA
CBHW052346090426

42739CB00011B/2333